**일러두기**

장애의 유형과 특성은 시대와 사회의 여건에 따라 계속 변화하게 마련입니다. 이 책에서는 우리 주변에서 흔히 보는 장애를 중심으로 다루었습니다. 따라서 이 책에서 분류한 구성은 2003년에 개정된 장애인복지법에서 정한 15개 장애 유형과는 조금 차이가 있습니다.

# 장애, 너는 누구니?

고정욱 글 | 윤정주 그림

산하

| 머리말 |

# 모두 함께 사랑하고 배려하는 아름다운 세상을 위하여

저는 한 살 때 소아마비로 1급 지체 장애인이 되었습니다. 눈에 넣어도 아프지 않을 맏아들이 장애인이 되었으니, 부모님의 고통과 좌절은 이루 말할 수 없었을 겁니다. 어머니는 용하다는 의원이 있으면 어디든 달려갔습니다. 아들의 병을 고치겠다는 마음 하나뿐이었습니다. 그런 어머니를 위로한 분은 바로 저의 외할머니였습니다. "정욱이는 커서 뭐든 알아서 잘할 아이다. 멀쩡한 애들보다 더 나을 테니 걱정 마라."

제가 초등학교에 입학하게 되자, 또 다른 고민이 생겼습니다. 그 시절만 해도 서지도 걷지도 못하는 아이가 혼자서 학교에 다니기란 불가능에 가까웠으니까요. 하지만 어머니는 저를 업고 학교에 다니기 시작했습니다. 날마다 저를 업고 가서 교실에 내려놓고, 수업이 끝나면 또 데리러 왔습니다. 비가 오나 눈이 오나, 햇볕이 따가운 날이든 매섭게 추운 날이든……. 어머니의 사랑과 희생 덕분에 저는 초등학교를 졸업하면서 6년 개근상을 받았습니다. 그날, 저는 결심했습니다. 앞으로는 절대로 장애 때문에 눈물을 흘리지 않겠다고요.

그 뒤 저는 중고등학교와 대학교까지 마치고, 작가가 되었습니다. 밖에서 마음껏 뛰어놀 수 없었던 어린 시절에 동화책을 많이 읽었던 것이 제가 작가가 되는 데 밑거름이 되었을 겁니다. 제가 장애를 다룬 동화를 많이 쓴 것은, 우리 사회가 아직까지도 장애에 대해 너무 모른다고 생각했기 때문입니다. 처음에는 조금 무거운 마음으로 장애를 다룬 동화들을 쓰기 시작했습니다. 그런데 어느덧 많은 독자들이 저의 작품들을 사랑해 주고, 열린 가슴으로 장애 문제를 자신의 고민으로 받아 주어 작가로서 커다란 보람을 느낍니다.

《장애, 너는 누구니?》는 이런 고마움에 보답하기 위하여 제가 드리는 작은 선물입니다. '어린이들이 장애를 쉽고 재미있게 알도록 하자!' 저는 이 책을 쓰기 위해 새롭게 고민을 하고 많은 공부를 했습니다. 우리가 주변에서 보는 대표적인 장애를 여러 유형으로 가르고, 각 꼭지마다 동화를 실은 다음, 거기에 알맞은 지식과 정보를 붙였습니다. 저는 제가 알고 있는 모든 것을 이 책 한 권에 담고자 노력했습니다.

《장애, 너는 누구니?》에는 스스로 장애인으로서 느꼈던 아픔과 소망, 언제나 저에게 힘을 준 가족과 친구들에 대한 고마움, 서로 사랑하고 배려하는 모든 사람과 함께했던 소중한 경험들이 녹아 있습니다. 작가가 된 지 20년이 되는 해에 이 책을 내게 되어 저 또한 기쁜 마음입니다.

2012년 봄에
고정욱

| 차례 |

모두 함께 사랑하고 배려하는
　　아름다운 세상을 위하여 · 머리말 2

장애란 무엇일까요? · 들어가기 6

1. 오빠의 오디션_ 안면 장애　13

2. 우리 아빠를 소개합니다_ 지체 장애　31

3. 소람이의 하루_ 시각 장애　53

4. 은서의 오후_ 청각 장애, 언어 장애  77

5. 할아버지에게 전동 휠체어가 오던 날
　　　　　　　　　_ 뇌병변 장애　97

6. 민지야, 고마워 _지적 장애  117

7. 서로서로 닮은 아이들
　　　　　_발달 장애, 학습 장애  135

8. 혁진이네 휴가 _신장 장애  159

9. 마음껏 뛰놀고 싶어요 _심장 장애  177

함께 더불어 사는 세상 · 나오기 196

| 들어가기 |

# 장애란 무엇일까요?

"어때, 내 실력이?"

철민이는 철봉에 매달려 앞뒤로 신나게 몸을 흔들었습니다. 지켜보던 친구들이 모두 감탄했습니다.

"와, 철민이가 우리 학교에서 최고야!"

철봉에 매달려서 빙빙 도는 재주는 철민이를 따라갈 사람이 없었습니다. 열심히 철봉에 매달려 묘기를 부리던 철민이는 저만치에서 민지가 바라보는 것을 발견했습니다. 갑자기 가슴이 쿵쾅쿵쾅 뛰었습니다.

'기회다! 멋지게 내 실력을 보여 줘야지!'

철민이는 멀리 뛰는 묘기를 부리기 위해 온 힘을 다해 몸을 날렸습니다. 그때였습니다.

"으아아!"

생각과 달리 몸이 뒤로 날아갔습니다. 너무 오래 매달리는 바람에 팔에 힘이 풀린 것입니다. 철민이는 그만 모래밭과 시멘트 바닥을 가르는 경계 목에 떨어지고 말았습니다. 정강이가 딱딱한 나무에 부딪치는 순간, 마치 벼락이라도 맞은 것 같았습니다. 바닥에 나동그라진 철민이는 무릎을 싸쥐며 나뒹굴었습니다.

"으아아악!"

자기도 모르게 비명이 나오고 눈물이 쏟아졌습니다. 손도 댈 수 없게 다리가 아팠습니다.

"철민아!"

"어, 어떡하지?"

조금 뒤, 아이들에게 연락 받은 선생님이 황급히 달려와 자신의 차에 철민이를 태웠습니다. 그리고 가까운 병원으로 향했습니다. 엑스레이를 찍어 본 의사 선생님이 철민이에게 말했습니다.

"이런, 다리가 부러졌구나. 깁스를 해야겠다. 전화해서 엄마 오시라 그래라."

다리가 부러졌다는 말에 철민이는 눈물만 뚝뚝 흘렸습니다.

철민이는 일주일 동안 병원에 입원했습니다. 붓기를 가라앉히고 깁스를 하기 위해서입니다. 처음엔 좋았습니다. 학교도 가지 않고, 병원에서 주는

맛있는 밥을 먹으며 복도를 헤집고 다녔습니다.

병원에 오니까, 이 세상엔 아픈 사람만 있는 것 같았습니다. 목발 짚은 할머니, 휠체어 탄 누나, 머리에 붕대를 친친 감은 아저씨……. 주위 사람들이 죄다 환자였습니다.

다리를 쓰지 못하게 되자, 철민이는 같은 반의 장애인 친구인 유리가 떠올랐습니다. 유리는 휠체어를 타고 다녔습니다. 철민이는 그동안 유리를 같은 반 친구로만 여겼지, 장애가 있어 얼마나 불편할지는 한 번도 생각해 본 적이 없었습니다.

'유리는 정말 불편하겠어. 나는 다리가 나으면 다시 걸을 수 있다지만, 유리는 어떻게 평생을 그렇게 살까?'

친구들이 문병을 와서는 너도나도 한마디씩 했습니다.

"철민아, 너도 이제 목발 짚어야겠다."

"야, 나도 예전에 다리 부러져 봤는데, 무지 가려워. 깁스 안이 너무 가려워서 꼬챙이로 막 긁었다니까."

아이들은 저마다 떠들었습니다. 그런 이야기를 들으면서 철민이는 문득 장애인들은 어떻게 살까 궁금해졌습니다.

"야, 유리는 어떻게 만날 휠체어 타고 다닐까? 이렇게 불편한데."

"글쎄 말이야. 아무튼 나는 장애인이 아니어서 정말 다행이야, 하하핫!"

철없는 성찬이 녀석은 신이 나서 웃었습니다.

 친구들은 문병이라고 와서는 냉장고 안에 있던 빵과 음료수를 다 먹어 치우고 갔습니다. 아이들이 사라진 병실에 누워 있던 철민이는 병원 3층에 환자들을 위한 도서관이 있다는 사실이 생각났습니다.

 "아, 그렇지! 도서관!"

 철민이는 휠체어를 타고 낑낑대면서 도서관까지 갔습니다. 몇 사람이 앉아서 책을 읽고 있었습니다.

 "저기요."

 "응, 무슨 일이니?"

자원봉사자 아주머니가 물었습니다.

"혹시 장애에 대한 책이 있나요?"

"장애에 대한 책? 왜?"

"다리가 부러져 보니까, 장애인들이 얼마나 불편할지 알겠어요. 그래서……."

자원봉사자 아주머니는 컴퓨터로 검색해 보더니 이내 예쁘게 만들어진 책 한 권을 꺼내 왔습니다. 《장애, 너는 누구니?》라는 책이었습니다.

"자, 가지고 가서 읽으렴."

철민이는 책을 가지고 병실로 왔습니다. 새로운 세상을 알 수 있다는 생각에 가슴이 뛰었습니다.

# 1 안면 장애

# 오빠의 오디션

"민지야, 오빠랑 같이 갈래?"

"어디?"

"오빠가 오늘 오디션이 있어."

"정말? 그럼 나도 따라갈래."

초등학교 3학년인 민지가 오빠를 따라 길을 나섰습니다. 그동안 말로만 듣던 오디션을 직접 볼 수 있다는 생각에 가슴이 설레었습니다.

오빠는 모자를 푹 눌러쓰고 고개를 숙인 채 길을 걷습니다. 사람들이 얼굴을 쳐다볼까 봐 신경 쓰이기 때문입니다. 그런 오빠를 보자 민지의 마음이 찌르르 아팠습니다.

오빠는 안면 장애인입니다. 몇 년 전에 당한 교통사고 때문입니다. 사고가 난 택시가 뒤집어지면서 불이 났는데, 오빠는 안에 갇혀 있다가 화상을

크게 입었습니다. 머리카락뿐만 아니라 오른쪽 눈꺼풀과 눈썹까지 모두 타 버렸습니다. 게다가 오른쪽 눈은 제대로 보이지 않는 시각 장애까지 입었습니다. 팔과 다리도 화상을 크게 입었지만, 이곳은 옷으로 가릴 수 있습니다. 그러나 얼굴에 화상을 입은 것은 문제가 심각했습니다.

오빠는 안면 장애인이 되고 말았습니다. 신체 활동을 하는 것에는 별다른 문제가 없었지만 오빠는 집 바깥의 활동을 접었습니다. 얼굴의 화상 흉터 때문에 사람들이 힐끗힐끗 쳐다보는 게 괴로웠던 것입니다.

오빠는 오랜 기간 치료를 받았습니다. 몸에 있는 다른 곳의 피부를 떼어다 이식하는 일이 반복되었습니다. 성형외과를 다니며 열심히 수술과 치료를 반복했습니다.

그러나 원래 얼굴로 돌아오는 데에는 한계가 있었습니다. 민지의 친구들은 이렇게 물어보곤 했습니다.

"너희 오빠 얼굴이 이상하다며?"

"응, 우리 오빠는 안면 장애인이야."

민지는 애써 태연하게 대답했습니다.

"안면 장애인? 공포 영화에 나오는 그런 거냐?"

"아니야! 우리 오빠는 괴물이나 귀신이 아니야!"

아이들이 무심코 던지는 말에도 민지는 마음의 상처를 입었습니다. 엄마와 아빠가 민지에게 말했습니다.

"민지야, 오빠가 장애를 가졌어도 울거나 마음 상할 필요 없어. 생활하는 데 아무 문제 없잖아."

엄마와 아빠는 애서 이렇게 말했지만, 오빠는 그렇지 않았습니다. 늘 풀이 죽은 채로 모자를 눌러 쓰고 다니는 것부터가 문제가 있다는 뜻이었습니다.

얼마 전, 그런 오빠에게 꿈이 생겼습니다. 세계적으로 유명한 뮤지컬인 〈오페라의 유령〉을 보고 큰 감동을 받은 겁니다. 드디어 오빠는 자신의 꿈을 정했습니다. 뮤지컬 배우가 되는 것이었지요.

"오빠는 왜 뮤지컬 배우가 되려고 해?"

"노래하는 데에는 아무런 지장이 없잖아."

오빠는 사고가 나기 전에도 학교에서 유명했습니다. 노래를 잘 부르고, 기타나 피아노 같은 악기도 잘 다루었습니다. 사람들이 가수가 되라고 권했지만, 오빠는 노래가 취미일 뿐이라고 했습니다. 그런데 이제 그 취미가 정말 꿈이 된 것입니다.

오디션 장에 도착하자 많은 사람들이 모여 있었습니다. 여기저기에서 사람들이 노래를 부르며 목을 가다듬는 중이었습니다. 얼핏 봐도 다들 잘생기고 늘씬했습니다. 날렵한 몸매로 춤 연습을 하는 사람도, 아름다운 목소리로 발성 연습을 하는 사람도 있었습니다. 민지는 기가 죽었습니다. 오빠도 옛날엔 누구 못지않게 멋있었습니다. 여학생들에게 좋아한다는 말도 많이 들었습니다.

"다들 되게 잘하는데?"

민지가 오빠에게 속삭였습니다.

"응. 실력들이 대단하지?"

오빠는 약간 떨고 있는 것 같았습니다. 그런 오빠에게 민지는 용기를 주고 싶었습니다.

"힘내. 이까짓 오디션, 오빠는 잘 통과할 거야. 그동안 어려운 수술도 잘 견뎠잖아."

"그래, 민지야. 용기를 낼게."

"나도 따라가서 볼까?"

"들어가도 된다고 허락해 주면."

오빠는 일곱 번째로 오디션을 보게 되었습니다. 앞사람들의 노랫소리가 대기실까지 들렸습니다. 민지가 듣기에는 엄청 잘하는 것 같았습니다. 오빠가 꼭 이번 오디션에 통과하면 좋겠다는 생각을 했지만, 여전히 얼굴 때

문에 걱정이었습니다.

이윽고 오빠 이름이 불렸습니다.

"김태식 씨, 들어오세요."

오빠는 준비해 간 가면을 쓰고 들어갔습니다. 화상 입은 오른쪽 얼굴 절반을 가리는 가면이었습니다. 민지도 따라 오디션 실로 들어섰습니다.

"동생이 제 오디션을 구경하고 싶어 하는데, 옆에서 조용히 보게 해도 되겠습니까?"

"맘대로 하세요."

심사위원들이 고개를 끄덕였습니다. 민지는 옆에 쪼그리고 앉았습니다. 자기가 오디션 보는 것처럼 가슴이 뛰었습니다.

심사위원들은 오빠 얼굴에 쓴 하얀 가면을 보고 고개를 끄덕였습니다. 무대 소품인 줄로 안 것입니다. 오빠는 정중하게 인사를 한 다음 이렇게 말했습니다.

"제가 부를 노래는 '오페라의 유령'의 한 대목입니다."

"불러 보세요."

오빠는 잔기침을 몇 번 하더니 노래를 시작했습니다. 집에서 연습할 때 많이 들었던 노래입니다.

Those who have seen your face draw back in fear
I am the mask you wear
It's me they hear.
(그대 얼굴 본 이들은 공포로 얼어붙고
나는 그대가 쓰고 있는 가면
그들이 듣고 있는 것은 나.)

심사위원들은 오빠의 노래를 진지한 표정으로 들었습니다. 듣고 있던 민지는 어느덧 노래에 깊이 빠져들었습니다. 오빠가 이렇게까지 노래를 잘하는 줄 몰랐습니다.

한 소절이 끝나자 심사위원들이 박수를 쳤습니다.
자기도 모르게 민지도 박수를 치다 멈췄습니다.

"왜 오디션 곡으로 오페라의 유령을 결정했지요?"

심사위원 가운데 한 사람이 물었습니다.

"거기엔 이유가 있습니다."

오빠는 천천히 모자를 벗고 얼굴에 쓴 가면도 벗었습니다.

"어?"

"아니!"

심사위원들이 모두 놀랐습니다. 오빠의 얼굴 반쪽이 화상으로 일그러진 것을 보았기 때문입니다.

"저는 안면 장애인입니다. 집에만 처박혀 좌절하고 있던 쓸모없는 사람이었습니다. 그런데 '오페라의 유령'을 보고, 저도 뮤지컬 가수가 되고 싶다는 생각을 했습니다. 물론 가면을 쓰거나 제한된 역할밖에 할 수 없겠지만 새로운 희망을 갖게 되었습니다. 당당하게 실력으로 승부를 걸고 싶고, 저에게 맞는 역할이 있다면 최선을 다해 보고 싶습니다."

오빠의 말은 떨리고 있었습니다. 어느새 눈에서 눈물이 흐르고 있었습니다. 심사위원 선생님들은 고개를 묵묵히 끄덕였습니다. 그러고는 자기들끼리 조용히 상의하더니 오빠에게 물었습니다.

"다른 것도 할 수 있나요?"

"네. 춤도 출 수 있습니다."

"어디 한번 춰 봐요."

오빠는 멋진 춤을 추고, 또 다른 노래도 했습니다.

"잘 봤어요. 나가셔도 좋습니다."

오빠는 꾸벅 인사를 한 다음, 돌아서서 민지 손을 잡고 나왔습니다.

민지는 가슴이 떨렸습니다. 오빠가 다시 보였기 때문입니다. 이렇게까지 노래를 잘하고 춤도 잘 추는 줄은 미처 몰랐습니다. 어깨가 저절로 으쓱해지며 자랑스러웠습니다.

민지는 오빠에게 엄지손가락을 세워 보였습니다. 민지의 볼에 눈물이 흘러내리자, 오빠가 손을 내밀어 닦아 주었습니다.

"민지야, 오빠 잘했어?"

"오빠가 최고야."

"그래, 이제 집에 가자."

집으로 돌아오는 길에 민지는 어깨를 쭉 폈습니다. 이렇게 자랑스러운 오빠와 함께였기 때문입니다. 분명히 오디션을 통과할 거라고 민지는 굳게 믿었습니다. 무대 위에 선 오빠의 모습을 상상하니 몹시 즐거웠습니다.

"빨리 오빠가 뮤지컬에 나오는 걸 보면 좋겠어."

오빠는 흐뭇한 표정으로 말없이 민지의 머리를 쓰다듬어 주었습니다.

# 안면 장애

화상이나 질병, 또는 상처 때문에 생긴 안면 장애는 완전히 치료하는 것은 대부분 불가능합니다. 그래서 안면 장애는 영구적이라고 볼 수 있습니다.

### '오페라의 유령'은 왜 유령이 되었을까요?

〈오페라의 유령〉은 가스통 르루의 소설 《오페라의 유령》을 각색하여 만든 뮤지컬이며, 앤드류 로이드 웨버가 곡을 써서 1986년 영국 런던에서 처음 무대에 올랐습니다.
이 작품은 정체불명의 추악한 얼굴을 가진 뮤지컬 천재에게 사로잡히는 아름다운 여가수, 크리스틴 다에의 이야기를 다루었습니다.
원작인 소설은 무시무시한 공포물이었지만, 뮤지컬은 장애 때문에 마음의 상처를 입은 오페라의 유령과 아름다운 주인공 사이에 빚어지는 가슴 아픈 사랑 이야기입니다.

## 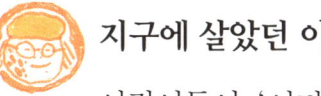 지구에 살았던 이티 할아버지

어린이들이 '이티(E.T.) 할아버지'라 부르는 채규철 씨는 대표적인 안면 장애인입니다. 온몸이 화상 흔적으로 뭉개져 있지만, 마음만은 누구보다 바르고 고운 분입니다. 젊은 시절에 그는 농촌을 위해 살겠다고 마음먹고 농업 선진국인 덴마크에 유학을 갔다 왔습니다. 한국의 슈바이처라 불리는 장기려 박사와 청십자의료보험 사업도 하고, 충남 홍성에 풀무학교도 만들어 학생들을 가르쳤습니다. 그러던 1968년, 교통사고로 차가 뒤집혔을 때 화재가 발생했습니다. 전신 3도 화상을 입고 6개월 동안 수술만 스물일곱 번을 받았습니다.

그런데도 더불어 사는 세상에 대한 뜻은 멈추지 않았습니다. 할아버지는 병원에서 퇴원한 뒤 경기도 가평에 어린이들을 위한 두밀리 자연학교를 설립했습니다. 어린이들에게 자연을 느끼게 하고 자연에서 배우게 하겠다는 마음에서였습니다. 이티 할아버지는 장애가 인간의 의지를 꺾지 못한다는 교훈을 자신의 삶 속에서 알려 주고 2006년에 세상을 떠났습니다.

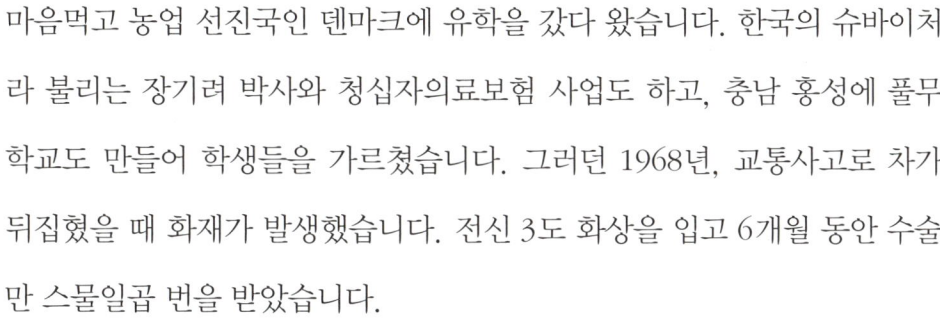

### 외모보다 마음을 위한 성형수술

안면 장애인에게는 특별한 보조기가 필요 없습니다. 다만 화상이나 감염, 또는 다른 이유로 손상을 입은 조직을 보호하거나 재생시키기 위해 피부 이식 성형수술을 많이 합니다.

대개 성형수술은 외모를 바꾸어 자신감을 찾게 하기 위한 것이지만, 안면 장애인들에게는 생존 문제가 됩니다. 피부가 건강해야 조직이 감염되는 것을 피할 수 있기 때문입니다. 또한 외모에서 오는 불안감이나 편견을 줄여, 보다 자신감 있게 생활할 수 있게 도와줍니다.

따라서 안면 장애인들의 성형수술은 외모를 꾸미려는 비장애인들의 수술과 구분되어야 합니다. 이들의 성형은 외적인 얼굴만 아름답게 만드는 것이 아니라, 사람의 마음을 치료하는 힘을 주기 때문입니다.

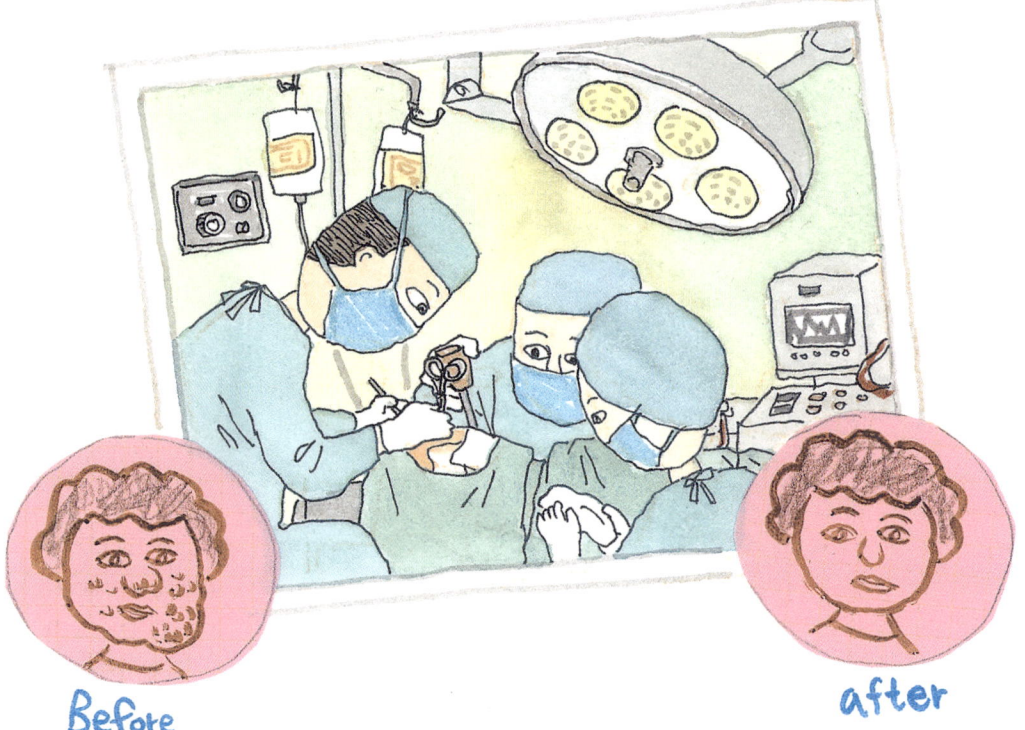

Before　　　after

### 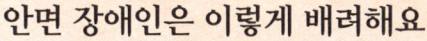 안면 장애인은 이렇게 배려해요

안면 장애인들의 일상생활 능력은 비장애인과 비슷한 수준입니다. 하지만 주위 사람들의 시선 때문에 밖에 나가 활동하는 게 어렵습니다. 사람들을 만나면 그런 사실을 내색하지 않으려 애쓰지만, 스스로 의식을 하게 되지요. 안면 장애인들과 대화를 할 때에는 그냥 편안하게 눈을 마주 보며 이야기 나누는 것이 좋습니다. 애써 외면하거나 다른 곳 보는 걸 싫어하는 안면 장애인도 많으니까요.

안면 장애는 대개 외형적인 것인데, 마음의 상처를 입다 보니 심리적 장애까지 갖게 되어 평생 고통 속에 사는 사람이 많습니다. 이런 마음을 이해하고 조심스럽게 다가간다면 좋은 친구가 될 수 있습니다.

**이런 책도 있어요**
《다시 새롭게 지선아 사랑해》, 이지선 | 문학동네
《이티 할아버지 채규철 이야기》, 이섶 | 우리교육

**이런 영화도 있어요**
〈오페라의 유령〉, 조엘 슈마허 감독 | 2004

 # 장애인은 어떤 사람일까요?

'장애인' 하면 어떤 모습이 떠오르나요? 몸이 불편한 사람, 정신이 온전치 못한 사람 등을 생각할 것입니다.

그럼 몸이 잠시 불편한 사람도 장애인일까요? 정신이 온전치 못한 건 어느 정도라야 장애인일까요?

이런 궁금증을 갖다 보니 장애인에 대해 보다 체계적으로 알아야겠다는 생각이 듭니다.

예를 들면 안경을 쓴 사람은 장애인일까요, 아닐까요?

일단 눈이라는 신체의 기능이 떨어진 걸로 보면 분명 장애인입니다. 하지만 아무도 장애인이라고 부르지 않습니다. 이렇듯 장애인이라는 건 기준을 정하기가 쉽지 않습니다.

안 보여요!

1975년 유엔에서는 장애인을 이렇게 정의했습니다.

선천적이거나 후천적이거나 신체적 또는 정신적으로 능력이 불안한 사람, 그리고 생활하면서 필요한 것을 스스로 완전히 확보할 수 없거나 부분적으로 확보할 수 없는 사람.

그렇다면 장애인이란 날 때부터 장애를 가졌거나,

어떤 일을 잘 할 수 없거나, 아주 조금만 할 수 있는 사람을 뜻하는 것이지요.

건강하게 태어났지만 사고나 이런저런 이유 때문에 나중에 신체나 정신에 문제가 생긴 사람 말입니다.

## 2 지체 장애

# 우리 아빠를 소개합니다

"태민아, 그림 그리자."

방에서 숙제를 하고 있는데 아빠가 나를 불렀습니다.

"네, 아빠."

아빠가 부르면 나는 언제든지 달려갑니다. 숙제는 조금 있다가 해도 되니까요. 아빠는 언제나처럼 휠체어에 앉아 있었습니다.

"그림 그릴 준비 좀 해 줘."

아빠가 머무는 방은 그림을 그리는 화실입니다. 나는 아빠 턱 높이의 책상에 놓인 붓들을 시너에 깨끗이 씻었습니다. 그리고 물감도 짜 두었습니다. 아빠의 얼굴 앞에는 커다란 캔버스가 세워져 있습니다.

"그래, 고맙다. 칠 번 붓 좀 입에 물려 줘."

아빠가 쓰는 붓들은 입으로 물 수 있도록 붓 끄트머리에 붕대가 감겨 있

습니다. 7번 붓을 물려 드리자, 아빠는 머리를 위아래로 움직여 붓에 물감을 묻혔습니다. 나는 숙제를 하러 내 방에 돌아왔습니다.

그렇습니다. 우리 아빠는 척수 장애인입니다. 아빠가 장애인이 된 것은 10년 전입니다. 고속도로를 달려가던 아빠의 자동차를 커다란 화물차가 들이받았습니다. 나중에 알고 보니 화물차 운전자가 음주 운전을 했다고 합니다. 아빠는 화물차 밑에 깔려 한동안 빠져나오지 못했습니다.

구급대가 와서 아빠를 꺼냈지만, 아빠의 허리는 휴지처럼 구겨진 차 안에 껴 피가 흐르고 있었습니다. 병원에 옮겨진 아빠의 몸을 진찰한 의사 선생님이 말했습니다.

"척수 장애인이 될 것 같습니다. 뼈가 부러졌어요."

나중에 알고 보니, 아빠는 허리뼈와 목뼈가 부러졌습니다. 우리 몸의 척추 안에는 등골이 지나갑니다. 이 등골을 통해 온몸의 신경이 거미줄처럼 연결되어 있습니다. 바늘로 다리를 찌르면 우리가 아픔을 느끼는 것도 신경이 뇌에까지 연결되어 있기 때문입니다. 그러면 뇌에서 다시 명령을 내려 다리를 움직이게 하는 것입니다. 그런 신체 활동의 연결 통로가 바로 척추 안에 있는 등골입니다.

교통사고로 아빠는 척추뼈가 부러져, 안에 있던 등골의 모든 신경들이 끊어지고 말았습니다. 신경은 한번 끊어지면 복구가 되지 않습니다. 그래서 아빠는 목 아래로는 쓸 수 없는 장애인이 되고 말았습니다. 바늘로 다리를 찔러도 아픈 줄 모릅니다. 움직일 수도 없습니다.

숙제를 하던 나는 아빠가 그림을 잘 그리고 계신지 궁금해졌습니다.

"그림 잘 되세요?"

아빠 방으로 가서 내가 물었습니다.

"응."

아빠는 구족화가입니다. 입이나 발가락으로 그림을 그리는 장애인을 구족화가라고 하지요. '입 구(口)'자와 '발 족(足)'자를 씁니다. 아빠는 대회에 나가 입상도 한 뛰어난 화가입니다. 아빠가 지금 그리고 있는 것은 창밖으로 보이는 멋진 풍경입니다. 입으로 그렸다고 믿기 힘들 만큼 아빠의 그림 실력은 뛰어납니다. 나는 아빠 이마에 맺힌 땀을 닦아 주었습니다.

"고맙다, 태민아."

그렇게 그림을 30분 정도 그리고 나자 아빠는 지친 것 같았습니다.

"아빠, 소변 비워 드릴게요."

나는 아빠의 소변 주머니를 떼어 새 주머니로 갈아 주었습니다. 척수 장애인이 되면 대소변을 가리는 근육이나 신경도 모두 마비되기 때문에, 이렇게 소변 주머니를 차야만 합니다. 화장실에 마음대로 가서 원하는 시간에 대소변을 볼 수 있는 것이 얼마나 큰 행복인지 나는 잘 알고 있습니다.

내가 소변을 버리고 오자, 아빠가 말했습니다.

"아들, 우리 바람 쐬러 갈까?"

아빠가 탄 전동 휠체어는 입으로 운전할 수 있도록 되어 있습니다. 조그만 대롱이 달려 있어, 그 대롱으로 바람을 불거나 바람을 빨면 휠체어가 앞뒤로 움직입니다. 여러 가지 센서가 붙어 있어, 아빠는 머리를 좌로 우로 움직이면서 휠체어의 방향을 조정하기도 합니다. 목 위밖에 쓰지 못하는 아빠지만 얼마든지 휠체어를 타고 동네 산책을 나갈 수 있는 것입니다.

우리 집은 턱이 하나도 없도록 수리를 했습니다. 그래서 아빠의 전동 휠체어가 어디든 자유롭게 다닐 수 있습니다. 아빠의 휠체어 속도에 맞춰 나도 따라 걸었습니다.

"밖에 나오니까 정말 시원하고 좋구나."

지나가던 사람들이 아빠를 힐끗힐끗 쳐다봤습니다. 하지만 아빠는 신경도 쓰지 않았습니다. 처음엔 나도 그런 사람들에게 화가 났습니다.

"왜 우리 아빠를 쳐다보는 거예요?"

이렇게 따지기도 하고 노려보기도 했지만, 그래 봐야 소용없었습니다. 아직도 장애인에 대한 인식이 많이 부족하기 때문에, 뚫어져라 쳐다보는 게 얼마나 상처를 주는 일인지 잘 알지 못하니까요.

아빠가 말했습니다.

"태민아, 아직은 사람들이 장애가 뭔지 잘 몰라서 그러는 거니까, 흥분하거나 신경 쓸 필요 없어."

아빠는 버스 정류장에 섰습니다.

"시장에 장보러 갈까?"

저상버스가 와서 섰습니다. 기사 아저씨가 아빠를 알아보고는 재빨리 가운데 문을 열어서 경사로를 내려 주었습니다. 경사로로 버스를 타고 올라가자, 아저씨가 문을 닫았습니다. 휠체어가 자리를 잡자, 기사 아저씨가 손님들에게 말했습니다.

"기다려 주셔서 감사합니다. 이제 출발하겠습니다."

그걸 보고 있던 손님들은 조용히 고개를 끄덕였습니다. 예전엔 장애인이 버스를 타느라 시간을 뺏긴다고 싫어했던 사람들도 있었지만, 요즘에는 장애인이 이렇게 이동한다는 것을 알고 기다려 주는 사람들이 많아졌습니다.

아빠와 함께 마트에 간 나는 이것저것 필요한 것들을 샀습니다. 아빠는 그림 그릴 때 필요한 도화지를 많이 샀습니다.

집에 돌아와서 온 가족이 함께 식사를 했습니다. 아빠에게는 밥을 먹여 드려야 합니다. 그 일을 엄마와 내가 번갈아 합니다. 밥을 먹고 나서, 아빠의 이를 닦아 드렸습니다.

아빠가 침대에 누우려면 엄마와 내가 힘을 합쳐야 합니다. 천장에 매달려 있는 리프트로 아빠를 들어 올려 침대에 눕혔습니다. 아빠의 침대에는 공기가 잘 통하는 에어쿠션이 들어 있습니다. 누워만 있기 때문에 등에 땀이 차고, 땀이 염증을 일으켜 욕창이 되기 때문입니다.

하지만 욕창이 나도 아픈 줄

모르는 게 척수 장애인들의 서러움입니다. 모든 신경이 마비되었기 때문에 아픔을 뇌에 전달할 길이 없어서입니다.

아빠를 옆으로 돌려 눕히고 나와 엄마는 번갈아 등을 두드리며 마사지를 했습니다. 이렇게 굳어 있던 살을 풀어 주고 혈액 순환을 시켜 줘야 욕창에 안 걸립니다.

"수고들 많았어. 고마워. 이제 가서 자."

나는 아빠에게 인사를 했습니다.

"안녕히 주무세요."

"그래 잘 자."

아빠는 장애인이지만 꿈을 가지고 있습니다. 자신의 그림을 국제 미술대회에 보낼 생각을 하고 있는 것입니다.

"아빠의 꿈은 나중에 멋진 개인전을 여는 거야. 그리고 세계적으로 유명한 구족화가가 되어서 비장애인 작가들과 당당히 겨루어 보고 싶어. 실력으로 인정받는 장애인이 되고 싶다고."

내일도 아빠는 또 입으로 그림을 그리겠지요. 남들보다 열 배 스무 배 시간이 더 걸리는 일이지만, 아빠는 결코 포기하지 않습니다. 그런 아빠를 생각하며 나도 의사가 되겠다는 꿈을 꼭 이루어 내겠다고 다시 한 번 다짐했습니다.

# 지체 장애

뼈나 근육, 또는 신경 중에 어느 한 곳을 다쳐서 영원히 그 기능을 제대로 발휘하지 못하는 상태가 지체 장애입니다. 지체 장애의 종류는 다양해서 소아마비, 뇌성마비, 뇌졸중, 척수손상, 사지절단, 관절염, 신경근골격계 손상, 근육디스트로피 등이 있습니다.

### 입으로 그림을 그리는 사람들

소아마비로 팔을 쓰지 못하게 된 에릭 스테그만은 그림을 그려도 마땅히 판매할 곳을 찾지 못했습니다. 하지만 입이나 발로도 탁월한 그림을 그리는 장애인들이 주변에 꽤 있음을 알게 되자, 1950년대에 이들과 함께 단체를 만들었습니다.

그는 또한 여러 나라를 여행하면서 다른 장애인들과 힘을 합쳐 '세계구족화가협회(AMFPA)'를 만들었습니다. 이 단체는 전 세계 70여 개 나라에서 700여 명의 장애인 화가들이 가입한 자립 공동체로 성장했습니다. 이 협회의 회원들은 서로서로 격려하고 도우면서 일상생활의 근심에서 벗어나 자유롭게 개인의 작업을 하고 있습니다.

 **살아 있는 비너스, 앨리슨 래퍼**

앨리슨 래퍼는 1965년 영국에서 태어났습니다. 팔다리가 기형인 질병(선천성 희귀 염색체 이상) 때문에 태어난 지 6주 만에 친부모에게 버려져 보호시설에서 자라야 했습니다. 어른이 되고 결혼도 했지만, 남편의 폭력으로 이혼하게 되었습니다. 하지만 어릴 때부터 관심이 있었던 미술을 뒤늦게 시작했습니다. 예술종합학교를 최고 우등상을 받고 졸업했으며, 이때부터 입과 발로 그림을 그리는 구족화가이자 사진작가로 활동하고 있습니다.

'살아 있는 비너스'라는 별명을 가진 래퍼는 아이를 키우면서 어려움이 많았지만, 결코 좌절하지 않았습니다. "내가 어떻게 보이는지는 전혀 부끄럽지 않아요. 그래서 나 자신을 꾸밀 필요도 없어요." 이토록 당당한 래퍼는 세계여성성취상과 대영제국 국민훈장을 받았습니다.

## 영원한 슈퍼맨, 크리스토퍼 리브

미국의 영화배우 크리스토퍼 리브는 열세 살에 이미 무대에 설 정도로 재능이 뛰어난 아이였습니다. 처음엔 지방의 작은 무대에서 연극을 하다가, 뉴욕의 브로드웨이에서 뮤지컬 배우가 되었습니다. 그러다가 〈슈퍼맨〉 시리즈에 계속 출연하며 영화배우로서 성공의 길을 걸었습니다.

하지만 1995년, 승마 대회에 참가했다가 말에서 떨어지는 바람에 목이 부러지는 사고로 척수 장애인이 되고 말았습니다. 그러나 그는 좌절하지 않고 장애인의 재활을 위해 척추 연구와 의료 보호를 위한 사회운동에 적극적으로 참여했습니다. 1996년에는 휠체어에 앉은 채 아카데미 시상식 무대에 등장해 기립 박수를 받기도 했습니다. 2004년 10월, 리브는 심장 이상을 일으켜 세상을 떠났습니다. 하지만 그는 우리에게 누구나 장애인이 될 수 있다는 교훈을 알려 주었으며, 또한 장애에 굴복하지 않는 인간 정신의 강인함을 보여 주었습니다.

### 지체 장애인을 더 힘들게 하는 욕창

욕창은 피부가 오래도록 눌려서, 그 부위에 혈액이 잘 돌지 않아 피부가 손상을 입는 상태를 말합니다. 건강한 사람은 스스로 몸을 움직이니까 거의 생기지 않지만 무의식 상태거나 마비, 부종, 당뇨 같은 질병을 가진 사람에게는 자주 나타납니다. 욕창 예방법은 다음과 같습니다.

### 장애인들의 자동차, 휠체어

척수 장애인들은 이동을 할 때 대개 휠체어를 사용합니다. 휠체어는 장애인의 상태와 활동 능력에 따라 종류가 다양합니다. 이 중에서 자신의 장애 특성에 따라 맞춤 휠체어를 사용하게 됩니다.

**수동 휠체어**

**실내용**: 대개 앞바퀴가 작으며, 팔받이가 없어 무게가 가볍습니다. 좁은 문을 통과할 수 있도록 폭을 줄인 것이 특징입니다.

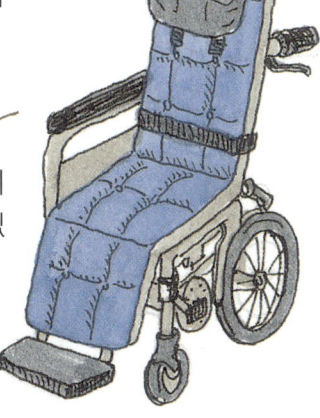

**야외용**: 앞바퀴를 크게 하여 충격 흡수를 잘 합니다. 팔받이가 있으며, 앞바퀴와 뒷바퀴를 떼어 내어 자동차에 싣거나 보관하기 좋게 만든 것도 있습니다.

**침대형**: 등받이 각도를 조절하여 허리를 가누지 못하는 사람이 사용할 수 있게 만든 휠체어입니다.

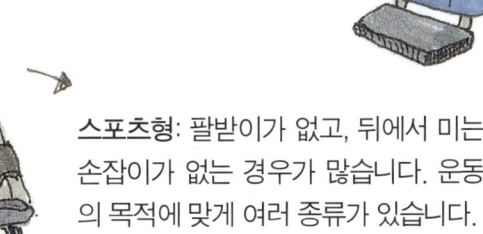

**스포츠형**: 팔받이가 없고, 뒤에서 미는 손잡이가 없는 경우가 많습니다. 운동의 목적에 맞게 여러 종류가 있습니다.

## 전동 휠체어

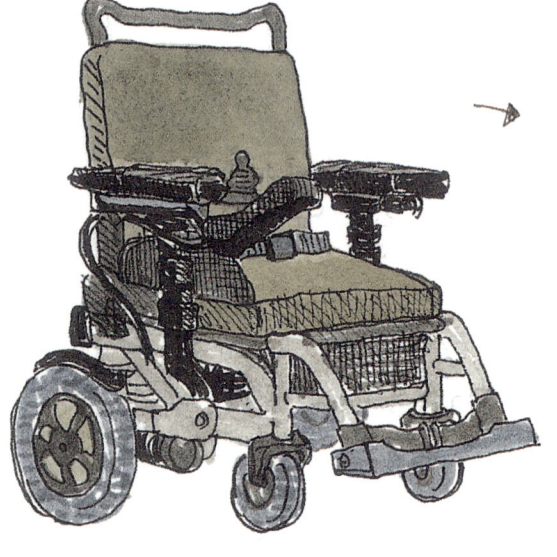

**표준형**: 의자에 앉듯 자세를 잡고 손잡이로 휠체어를 조종합니다. 손의 기능이 불완전한 장애인이 사용할 수 있습니다.

**전동 스쿠터형**: 오토바이처럼 핸들이 있어서 양손을 쓸 수 있는 장애인들이 많이 사용합니다.

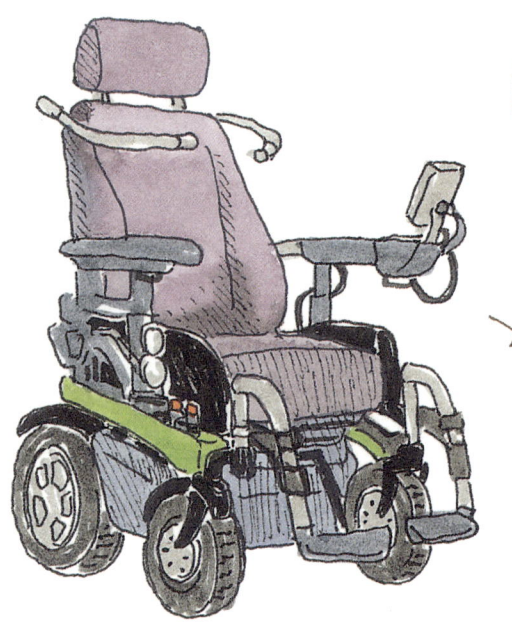

**특수형**: 발가락만으로 작동하거나, 턱이나 머리, 그 밖에 호흡으로 작동시킬 수 있는 것이 있습니다.

### 휠체어를 탄 사람은 이렇게 배려해요

휠체어를 밀어 줄 때에는 먼저 도움이 필요한지 물어야 합니다. 장애인에 따라 휠체어를 밀어 주는 걸 좋아하는 사람도 있고, 싫어하는 사람도 있습니다. 갑자기 휠체어를 밀면 휠체어에서 떨어질 수도 있고, 원치 않는 방향으로 굴러갈 수도 있기 때문입니다.

장애인이 도와달라고 하면 그때 밀어야 합니다. 내리막길이나 오르막길에서 장애인에게 알리지 않고 휠체어를 놓는 것은 무척 위험합니다.

모터가 달린 전동 휠체어는 사용자가 조종할 수 있으므로 대개는 밀어 줄 필요가 없습니다. 그러나 가파른 경사로 같은 곳에서 밀어 주면 손쉽게 올라갑니다.

휠체어를 밀어 줄 때에는 휠체어의 크기와 발판에 주의해야 합니다. 작은 자동차와 똑같다고 생각해야 벽이나 문에 부딪치지 않고 갈 수 있습니다.

밖에서는 움푹 팬 곳이나 물에 젖은 곳은 피해야 합니다. 미는 속도는 걷는 정도의 빠르기가 적당합니다. 엘리베이터 같은 곳에 오를 때에는 휠체어의 방향을 돌려서 장애인이 승객들과 무안하게 마주보는 일이 없도록 해야 합니다.

### 휠체어를 타고 일도 하고 운동도 해요

척수 장애인은 중증 장애인에 속합니다. 직업을 가지기 어려운 것도 사실입니다. 하지만 상체에 문제가 없는 사람들은 일상적인 직업을 가질 수 있습니다. 손으로 하는 일은 무엇이든 할 수 있기 때문입니다. 컴퓨터 관련 직업, 글을 쓰거나 손을 이용하는 기능직 등이 가능합니다. 하지만 오래 하는 작업은 힘들 수 있기 때문에 적절한 휴식과 마사지가 필요합니다.

장애가 심각하지 않으면 운동을 할 수 있습니다. 예를 들면, 팔만 사용해서 수영을 할 수 있습니다. 휠체어를 타고 달리기, 농구, 테니스, 아이스 컬링도 할 수 있습니다.

**이런 영화도 있어요**
〈나의 왼발〉 짐 셰리단 감독 | 1989
〈잠수종과 나비〉 줄리안 슈나벨 감독 | 2008
〈내 사랑 내 곁에〉 박진표 감독 | 2009

**이런 책도 있어요**
《아주 특별한 우리 형》, 고정욱 | 대교
《가방 들어 주는 아이》, 고정욱 | 사계절
《오체 불만족》, 오토다케 히로타다 | 창해
《네 손가락의 피아니스트 희아의 일기》, 이희아 | 파랑새

 # 누구나 장애인이 될 수 있어요

모든 기준은 바뀌게 마련입니다. 우리가 사는 세상이 변하기 때문이지요. 그래서 새로운 여건에서 장애인의 개념과 정의도 바뀌게 되는 것입니다.

이를테면, 신체적 장애만 장애인 것은 아닙니다.

처음엔 신체가 손상된 것만 장애로 보았지만,

그 손상 때문에 활동을 할 수 없거나 능력이 부족한 것을 '능력 장애'라고 부르게 되었습니다.

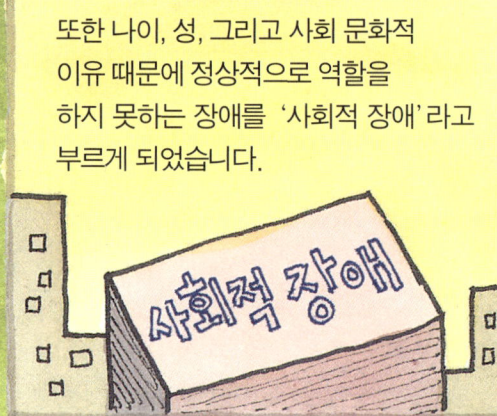

또한 나이, 성, 그리고 사회 문화적 이유 때문에 정상적으로 역할을 하지 못하는 장애를 '사회적 장애'라고 부르게 되었습니다.

이 책을 쓴 나, 고정욱 작가는 소아마비라는 병을 앓아 장애인이 되었습니다.

나는 어릴 때부터 걷지는 못하지만, 두 손으로 기어서 원하는 곳에 갈 수 있었습니다.

그런데 먼 거리에 있는 학교를 못 가게 되는 능력 장애가 기다리고 있었습니다.

나는 이런 능력 장애도 이겨 냈습니다. 목발을 짚거나 휠체어를 타서 가고 싶은 곳으로 가게 된 것입니다.

그런데 학교를 졸업하고 취직을 하려 했더니, 그 회사에는 계단밖에 없어서 다닐 수가 없었습니다.

이런 것이 바로 사회적 장애에 해당됩니다.

이런 계단 앞에서 장애인들은 좌절하기 쉽습니다. 결국 장애는 사회적인 문제에 해당되는 것입니다.

이렇게 본다면 전 세계 인구의 10퍼센트 정도는 장애인입니다.

3 시각 장애

# 소람이의 하루

아침이 밝았습니다. 대학생인 민식 주인님은 일찍 일어나 이를 닦고 세수를 합니다. 시각 장애인이지만, 집 안의 모든 물건이 제자리에 놓여 있기 때문에 혼자 생활하는 데 어려움이 별로 없습니다.

주인님은 운동복을 챙기고 케인(흰 지팡이)을 가방에 넣었습니다. 그러고는 나에게 사료를 주었습니다.

"소람아, 맛있게 먹고 우리 축구 하러 가자."

그렇습니다. 나는 안내견 소람이입니다. 벌써 3년째 민식 주인님의 눈이 되어 주고 있습니다.

"소람아, 앞으로!"

'앞으로'라는 명령은 길을 안내하라는 뜻입니다. 밥을 먹고 하네스를 입은 나는 집을 나와 버스 정류장으로 향했습니다. 수십 번 다닌 길이어서

아무 걱정이 없습니다. 차가 지나갈 때에는 멈춰 서고, 계단이나 턱이 나오면 잠시 서서 주인님에게 주의를 줍니다.

사실 강아지 시절에 파피워킹을 할 때까지만 해도 내가 안내견이 될 줄은 몰랐습니다. 일 년 정도 자란 뒤, 안내견 학교로 가서 훈련을 받고 만나게 된 사람이 바로 민식 주인님입니다.

"소람이는 성격이 밝고 활발하니까, 민식 씨와 짝을 맞추면 좋을 거야."

조교님 말대로 주인님과 한 달 가까이 안내견 학교에서 호흡을 맞춘 뒤 나는 집으로 왔습니다. 그때부터 우리 둘은 떼려야 뗄 수 없는 관계가 된 것입니다.

버스 정류장에 도착하자, 가만히 서서 버스가 오길 기다렸습니다.

주인님이 주위 사람들에게 부탁했습니다.

"1122번이 오면 알려 주세요."

"저기 오고 있네요."

마침 버스가 와서 섰습니다. 내가 먼저 버스에 올라타자 기사 아저씨가 깜짝 놀랍니다.

"아니, 개를 버스에 태우면 어떡해?"

"아저씨, 이 개는 안내견이에요."

주인님이 기다렸다는 듯 대답했습니다.

"안내견? 안내견이 뭐하는 거지?"

그러자 여대생으로 보이는 누나가 나서서 말했습니다.

"아저씨, 안내견은 사람하고 똑같아요. 안 태우면 법에 걸려요."

여대생 누나 덕분에 주인님과 나는 목적지까지 무사히 갈 수 있었습니다. 아마 그 아저씨는 새로 이 버스 회사에 취직한 기사인 것 같았습니다.

"아저씨, 운동장 앞에 내려 주세요."

"알았어요."

기사 아저씨는 퉁명스럽게 대답했습니다. 아직도 내가 타면 싫어하는 버스 기사들이 가끔 있습니다. 식당에 가면 개는 바깥에 매 놓으라고 하는 종업원도 있습니다. 나는 다른 애완견이나 집 지키는 개와 다른 안내견이어서, 주인님 가는 곳은 어디든 따라가야 합니다. 식당이나 학교, 공부하는 교실까지도 가야 안내견 노릇을 제대로 할 수 있기 때문입니다. 아직도 장애인에 대한 인식이 많이 부족한 현실이 안타까울 뿐입니다.

이윽고 버스가 운동장 앞에 도착했습니다.

"학생, 다 왔어."

기사 아저씨가 일러 주었습니다.

"고맙습니다."

나는 주인님과 함께 발을 맞춰 버스에서 내렸습니다. 운동장 가는 길은 많이 다녀 봐서 아주 잘 압니다.

"소람아, 앞으로!"

나는 조심조심 사람들 사이를 빠져나와 운동장 쪽으로 걸었습니다. 그 때, 웬 꼬마가 갑자기 내 코앞에 과자를 내밀었습니다. 주인님은 보지 못하니까, 과자가 내 앞에 있는 것도 모릅니다. 먹고 싶었지만 나는 애써 외면했습니다. 과자 같은 걸 받아먹다가 내가 안내해야

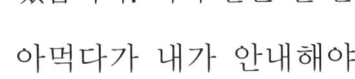

할 주인님이 위험에 빠질 수도 있기 때문입니다. 가끔은 지나가던 사람들이 나를 쓰다듬기도 합니다. 안내견은 쓰다듬어도 안 되고, 먹을 것을 주어도 안 된다는 규칙을 잘 모르기 때문입니다.

운동장에 도착하자, 벌써 와 있던 시각 장애인 축구단 사람들이 우리를 반겼습니다.

"민식이 왔구나. 소람이도 잘 있었어?"

운동장에 도착하면, 주인님이 축구하며 뛸 동안 나는 쉴 수 있습니다.

"소람이 좀 쉬어라."

또 다른 시각 장애인인 아름이의 안내견 윙크도 와 있었습니다. 우리 둘은 서로 반갑게 냄새를 맡으며 인사를 나눴습니다.

하지만 우리 둘은 같이 뛰어놀거나 장난을 칠 수 없습니다. 주인들이 허락해 줘야 합니다. 내 마음을 알았는지 주인님이 먼저 아름이에게 말했습니다.

"아름아, 우리 소람이랑 윙크 좀 뛰어놀게 해 주자."

"그럴까?"

두 사람은 우리의 하네스를 벗겨 주었습니다. 안내견에게 그것은 자유를 뜻합니다. 나와 윙크는 운동장에서 신나게 뛰놀았습니다. 마음껏 달릴 수 있어서 기분이 참 좋았습니다.

그렇게 10분 정도 놀고 난 다음, 축구 시합이 시작되었습니다. 나는 다시 하네스를 입고 벤치 밑에 엎드렸습니다.

호루라기가 울리자, 민식 주인님과 아름이는 축구 시합에 끼었습니다. 시각 장애인이 어떻게 축구를 하냐고요? 시각 장애인의 축구공에서는 소리가 납니다. 그 소리를 듣고 좇아가서 공을 차는 거지요. 장애인은 아무것도 못할 거라고 생각하는 사람이 많은데, 절대 그렇지 않습니다.

민식 주인님은 전반전과 후반전을 땀 흘리며 열심히 뛰었습니다. 그리고 아름이네 팀을 2대 0으로 이겼습니다.

"아, 축구 시합을 하면 참 상쾌해."

주인님은 샤워를 하고 옷을 갈아입었습니다. 어느새 해가 서산으로 지고 있었습니다.

"소람아, 집에 가자. 배고프지?"

나는 다시 주인님을 안내하여 해지는 언덕길을 걸어 내려왔습니다. 오늘 하루는 이걸로 끝입니다. 내일은 또 다른 곳으로 주인님과 함께 가게 될 것입니다. 민식 주인님과 나는 서로의 눈과 귀와 발이 되어 함께 움직이는 일심동체이기 때문입니다.

내일은 나를 다른 애완견들과 착각하는 사람들이 없길 바랍니다.

# 시각 장애

우리가 눈을 통해 사물을 파악하려면 세 가지 기능이 필요합니다. 멀고 가까운 것을 볼 수 있는 '시력'과, 색깔을 구별할 수 있는 '색각'이 있어야 하며, 볼 수 있는 범위인 '시야'가 넓어야 합니다. 이러한 눈의 기능들 가운데 하나만 장애가 있어도 시각 장애입니다.

### 시각 장애에도 여러 종류가 있어요

시각 장애는 완전히 시력을 상실한 '전맹'과, 시력을 조금 가지고 있는 '약시'로 나뉩니다. 시각 장애인은 시력 교정을 위해 안경을 착용하기도 하고, 빛에 대한 감각을 느끼기 위해 색깔 있는 렌즈(안경)를 착용하기도 합니다.

## 눈이 되어 주는 지팡이, 케인

시작 장애인들이 들고 다니는 지팡이의 원래 이름은 케인입니다. 지팡이의 뾰족한 끝으로 땅을 더듬으면서 걸으면, 앞에 장애물이 있는지 없는지를 알 수 있습니다. 케인은 장애인 신체의 일부나 마찬가지입니다. 따라서 다른 사람이 함부로 만지면, 장애인들은 예상치 못한 장애물이 나타난 줄 알고 크게 당황합니다.

큰 어려움만 없다면 시각 장애인들은 대부분 케인을 이용해 목적지를 잘 찾아갑니다.

4단 접이식

**최첨단 지팡이:**
길이가 조절되며, 스마트센서와 카메라를 달았다. 시각 장애인이 꽂고 있는 헤드셋으로 정보를 알려 준다.

 **사람보다 더 든든한 친구, 안내견**

시각 장애인을 안내해 주는 개를 말합니다. 안내견은 시각 장애인이 걷는 방향을 따라 안전하게 길을 안내하도록 특수하게 훈련 받은 동물입니다. 다른 개들과 다르게 끈 대신 짧은 옷을 입으며, 그 옷에 연결된 'ㄷ'자 모양의 손잡이를 시각 장애인이 잡고 갑니다. 그 옷을 '하네스'라고 부릅니다

안내견은 어디에서나 시각 장애인과 함께 있어야 합니다. 시각 장애인이 걷는 것을 도와야 하기 때문입니다.

주인의 허락 없이 만지면 안 됩니다. 그렇게 되면 안내견이 집중을 못하기 때문입니다.

먹을 것을 주는 것도 안내견의 주의를 산만하게 해서 위험한 상황에 처하게 됩니다.

안내견은 무서워할 필요 없는 착하고 순한 개랍니다.

##  앞이 안 보여도 축구를 할 수 있다고?

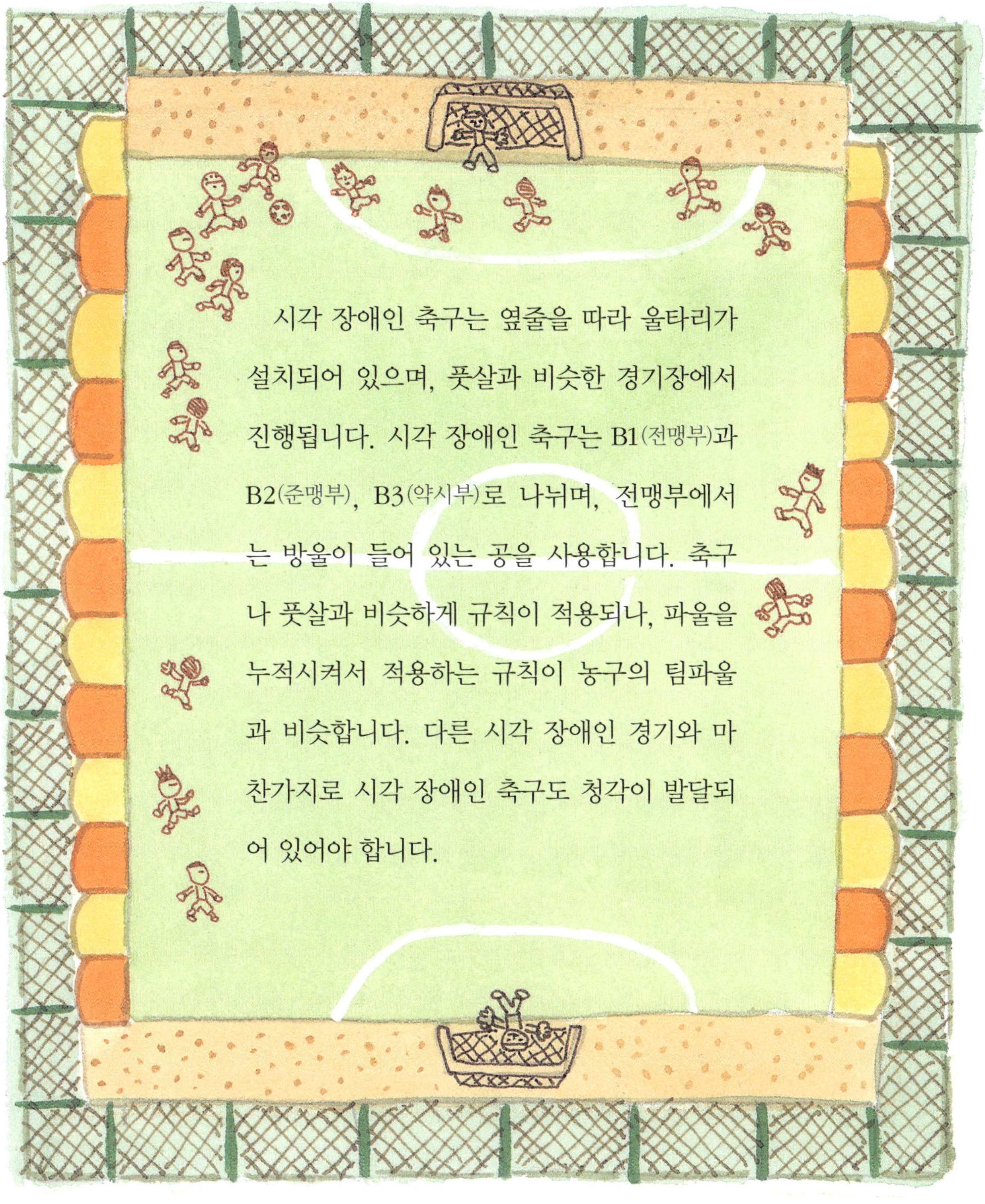

시각 장애인 축구는 옆줄을 따라 울타리가 설치되어 있으며, 풋살과 비슷한 경기장에서 진행됩니다. 시각 장애인 축구는 B1(전맹부)과 B2(준맹부), B3(약시부)로 나뉘며, 전맹부에서는 방울이 들어 있는 공을 사용합니다. 축구나 풋살과 비슷하게 규칙이 적용되나, 파울을 누적시켜서 적용하는 규칙이 농구의 팀파울과 비슷합니다. 다른 시각 장애인 경기와 마찬가지로 시각 장애인 축구도 청각이 발달되어 있어야 합니다.

 **사랑의 전도사, 스티비 원더**

이 세상 어디서나 고통 받는 사람들을 위해 공연을 여는 곳이면 꼭 나타나는 장애인이 있습니다. 머리를 레게 모양으로 땋아 늘어뜨리고, 검은 안경을 쓴 흑인 음악가인 스티비 원더입니다. 그는 1950년에 가난한 흑인의 아들로 태어났습니다. 하지만 곧바로 인큐베이터에 들어가야 했습니다. 몸무게가 적게 나가고 건강이 안 좋았기 때문입니다. 인큐베이터는 갓 태어난 아이들이 엄마 뱃속처럼 지낼 수 있게 만들어 놓은 장치입니다. 그런데 원더는 그 안에서 너무 많은 산소 때문에 눈을 다쳐 미숙아 망막증이라는 희귀한 병에 걸리고 말았습니다.

세상을 한 번도 보지 못한 채 원더는 집에서 따분한 시간을 보내야 했습

**시각 장애인에 관련 기관**
- 한국시각장애인연합회
  (www.kbuwel.or.kr)
- 한국시각장애인복지관
  (www.hsb.or.kr)

**이런 책이 있어요**
《안내견 탄실이》, 고정욱 | 대교출판
《장애를 넘어 인류애에 이른 헬렌 켈러》, 권태선 | 창비
《내 친구는 시각 장애인》, 프란츠 후아이니크 | 주니어김영사

니다. 넘쳐나는 시간을 주체할 수 없던 그는 숟가락을 두드리며 리듬을 익히게 되었습니다. 하루 종일 숟가락으로 그릇을 두드리고 악기를 연주하던 그는 열두 살에 가수가 되었습니다. 그 뒤 가수, 작곡가, 음반프로듀서 뿐만 아니라 사회운동가로도 왕성하게 활동하고 있습니다.

원더는 전 세계의 최정상 음악가를 뽑는 빌보드 차트 10위 안에 무려 30개가 넘는 곡을 올렸습니다. 최고의 음악가에게 주는 그래미상도 21개나 받았습니다. 그는 음악의 놀라운 힘으로 자신의 처지를 이겨 내고 장애인들과 어려운 사람들을 살피는 열린 마음을 가진 사람입니다. 시련과 고통마저도 발판으로 삼아 더욱 높은 경지에 다다르는 것, 이것이 바로 스티비 원더의 가장 훌륭한 점입니다.

### 점으로 책도 읽고 편지도 쓴다고?

점자는 우리가 알고 있는 문자와는 완전히 다릅니다. 작고 둥근 6개의 점을 볼록하게 돌출시켜 나타냅니다. 6개의 점을 어떻게 구성하느냐에 따라 하나의 기호가 되는 것입니다. 이 점들은 각각 가로로 2개, 세로로 3개입니다. 1에서 6까지 번호가 붙는데, 이 가운데 어느 것을 볼록하게 돌출시키느냐에 따라 63개의 표현 방법이 생깁니다.

한글은 초성, 중성(모음), 종성이 서로 다르게 점으로 구성됩니다. 예를 들어, 책이라는 자를 점자로 쓰려면 ㅊ, ㅐ, ㄱ 의 세 점자를 만들어야겠지요.

## 시각 장애인 악사를 배려한 공자

《논어》라는 책을 아시나요? 고대 중국의 유명한 사상가인 공자의 가르침을 전하는 책입니다. 이 책에서 '위령공' 편을 보면 이런 일화가 있습니다.

어느 날, 맹인 악사인 '면'이 공자를 보러 왔습니다. 면을 마중 나간 공자는 면이 계단에 이르자 "계단입니다.", 면이 앉을 자리에 이르자 "앉을 곳입니다."라고 설명해 주는 것이었습니다. 그리고 모두 자리에 앉자 면에게 "아무개는 여기에 있고, 아무개는 저기에 있습니다."라고 일일이 사람들의 위치를 일러 주었습니다.

면이 돌아가고 나서 제자인 자장이 공자에게 물었습니다. "스승님께서 하신 행동이 장님 악사와 말할 때의 도리입니까?"
공자가 대답했습니다. "그렇다. 이것이 장님 악사를 도와주는 방법이니라."

훌륭한 사상가답게 장애인에 대한 배려가 돋보이지요? 공자 사상의 중심이 되는 책인 《논어》에 이런 내용이 기록되어 있는 걸 보니, 장애인을 배려할 줄 아는 태도는 모든 인간의 기본적인 도리인 듯합니다.

 ## 시각 장애인과 걸을 때 이렇게 배려해요

시각 장애인과 함께 걸을 때 흔히 손을 잡아 주는데, 그건 옳지 않습니다.

안내하는 사람의 팔을 잡도록 해야 합니다.

정확히 말하면, 내 팔꿈치나 그 윗부분을 시각 장애인이 뒤에서 잡도록 하는 것이 좋습니다.

시각 장애인이 팔을 잡고 따라올 때, 급하게 행동하면 안 됩니다.

턱이 있는 곳이나, 계단 또는 엘리베이터가 나타나거나, 차가 올 때에는 일단 멈춰 선 뒤에 상황을 설명해 줍니다.

앞에 계단이 있어요.

뒤로 돌 때는 돈다고 말한 뒤 팔을 놓게 하고, 앞에서 얼굴을 마주 보면서 방향을 바꾸어 서게 한 뒤, 다시 팔을 잡도록 해서 안내합니다.

문이 닫힌 곳에서는 문을 열어 주거나, 시각 장애인 손을 손잡이에 갖다 대게 해서 직접 열도록 합니다.

### 소리에 대해 설명해 주세요

시각 장애인은 많은 정보를 소리로 얻습니다. 따라서 지나치게 큰 소리를 들으면 비장애인보다 더 고통스럽습니다. 예를 들면, 시각 장애인이 집에 오면 텔레비전 소리를 줄여 주는 것이 좋습니다. 갑자기 공사장의 소음이나 비행기 소리 같은 것이 나서 막을 수 없다면, 그 소리에 대해 설명해 주면 됩니다.

### 비빔밥 말고 다른 음식도 잘 먹어요

식당에서 식사를 하게 되면, 의자에 잘 앉을 수 있도록 도와줍니다. 테이블 위의 꽃병이나 촛불 같은 것은 멀리 치우는 게 좋습니다. 식사를 정할 때에는 먼저 메뉴와 가격을 읽어 줍니다. 음식이 나오면, 음식에 대해 설명해 주어야 합니다. 대부분의 시각 장애인은 음식의 위치를 한 번만 알려 주면, 정확하게 음식을 먹을 수 있습니다. 흔히 이것저것 다 섞어 비빈 비빔밥이 편할 거라 생각하는데, 시각 장애인이 가장 싫어하는 것이 비빔밥이랍니다. 너도나도 비빔밥만 시켜 주기 때문입니다.

### 🏠 물건은 언제나 제자리에

시각 장애인의 집을 방문하면, 놓여 있는 물건들을 함부로 건드리지 말아야 합니다. 위치가 바뀌면 시각 장애인들은 당황합니다. 물건이 제자리에 있을 때 편리하게 잘 찾고 안전하게 다닐 수 있습니다.

### ✋ 최고의 안마사

안마업은 시각 장애인의 대표적인 직업입니다. 안마업은 약 100여 년 동안 시각 장애인들에게만 허용되어 온 특별한 직업이지요. 안마사는 특수학교에서 의료, 침술, 맛사지 등을 집중 교육 받고 자격 인정 시험을 본 다음 사회에 나옵니다. 안마업은 시각 장애인들이 만들어 낸 직업으로, 이를 통해 자립의 터전을 닦았습니다. 하지만 요즘엔 스포츠 마사지, 발 마사지, 경락 마사지 등 비슷한 안마업이 생기면서 비장애인들과 경쟁하느라 큰 어려움을 겪고 있습니다.

 ## 틀린 음을 잡아내는 놀라운 청각

피아노 조율사는 시각 장애인들이 예민한 청각을 바탕으로 활동할 수 있는 직업입니다. 일정한 훈련을 받으면 현장에 뛰어들 수 있으며, 자신이 노력한 만큼 수입을 올릴 수 있습니다. 남들보다 음감이 뛰어나기에, 음악가로 활동하는 시각 장애인도 많이 있습니다.

 ## 이런 직업을 가질 수 있어요

컴퓨터 프로그래머

리포터

전화를 이용한 텔레마케터

## 사흘만 볼 수 있다면

시력과 청력을 잃은 헬렌 켈러는 이 글에서 오랜 세월 동안 보고 싶고, 하고 싶었던 일들을 꼼꼼하게 묘사하고 아름답게 이야기했습니다. 《리더스 다이제스트》라는 잡지는 이 글을 '20세기 최고의 수필'로 꼽았습니다.

내가 사흘만이라도 앞을 볼 수 있다면, 가장 보고 싶은 게 무엇인지 나는 충분히 상상할 수 있습니다. 내가 상상의 나래를 펴는 동안, 여러분도 한번 생각해 보시기 바랍니다.

첫째 날에는 친절과 겸손과 우정으로 내 삶을 가치 있게 해 준 사람들을 보고 싶습니다. 먼저, 어린 시절 내게 다가와 바깥세상을 활짝 열어 보여 주신 사랑하는 앤 설리번 메이시 선생님의 얼굴을 오랫동안 바라보고 싶습니다. 선생님의 얼굴 윤곽만 보고 기억하는 데 그치지 않고 그것을 꼼꼼히 연구해서, 나 같은 사람을 가르치는 참으로 어려운 일을 부드러운 동정심과 인내심으로 극복해 낸 생생한 증거를 찾아낼 겁니다. 또한 선생님의 눈빛에서 아무리

어려운 상황일지라도 당당하게 맞설 수 있었던 강한 개성과, 인류에 대한 따뜻한 동정심도 보고 싶습니다. (중략)

그리고 나는 사랑하는 친구들을 모두 불러 모아 그들의 얼굴을 오래오래 들여다보며 내면에 깃든 아름다움의 외적인 증거를 가슴에 새길 겁니다. 또한 아기의 얼굴을 오래 바라보며, 인간이 세상을 살아가면서 겪는 갈등을 아직 알지 못하는 순진무구한 아름다움도 놓치지 않으렵니다. (중략)

나는 시각 장애인이기 때문에, 앞이 잘 보이는 시각을 선물로 받은 사람들에게 그것을 가장 잘 사용하는 방법을 알려 드릴 수 있답니다. 내일 갑자기 맹인이 될 사람처럼 여러분의 눈을 사용하십시오. 다른 감각 기관에도 똑같은 방법을 적용할 수 있습니다. 내일 귀가 안 들리게 될 사람처럼 음악 소리와 새의 지저귐과 오케스트라의 강렬한 연주를 들어 보십시오. 내일이면 촉각이 모두 마비될 사람처럼 그렇게 만지고 싶은 것들을 만지십시오. 내일이면 후각도 미각도 잃을 사람처럼 꽃향기를 맡고, 맛있는 음식을 음미해 보십시오. 모든 감각을 최대한 활용하세요. 자연이 제공한 다양한 접촉 방법을 통해 세상이 당신에게 주는 모든 즐거움과 아름다움에 영광을 돌리세요. 그렇지만 모든 감각 중에서도 시각이야말로 가장 즐거운 축복임을 잊지 마세요.

# 4 청각 장애, 언어 장애

# 은서의 오후

"다녀왔습니다."

임대아파트의 문을 열고 들어서며 은서가 인사했습니다. 학교에서 돌아오는 길입니다. 집 안에는 텔레비전 소리가 귀가 따갑도록 왕왕 울리고 있었습니다. 늘 있는 일입니다. 그 앞에서 엄마는 열심히 쇼핑백의 끈 손잡이를 꿰고 있습니다. 텔레비전의 소리를 크게 키워 놓은 것은 엄마가 청각언어 장애인이기 때문입니다. 이렇게 소리를 크게 틀어 놓아야 조금이라도 내용을 알 수 있으니까요.

엄마는 은서가 다가가 어깨를 만지자 그제야 반갑게 웃었습니다. 그리고 손을 입으로 가져가며 무얼 먹겠냐고 물었습니다.

"아냐, 엄마. 배불러요."

은서는 방으로 들어가 가방을 내려놓았습니다. 그러고는 냉장고 문을

열고 물을 꺼내 마셨습니다.

거실 한가운데는 엄마가 잔뜩 늘어놓은 부업거리가 있었습니다. 집에만 있는 엄마는 이렇게 부업을 받아다가 일을 합니다. 종이 쇼핑백에 끈으로 된 손잡이를 묶는 일은 하나에 5원씩 받습니다. 백 개를 해야 5백 원, 천 개를 하면 5천 원을 받습니다.

엄마가 수화로 물었습니다.

'학교에서 공부 잘 했어?'

'그저 그래요.'

은서는 대충 대답했습니다. 텔레비전을 보면서 은서가 엄마의 일을 도와주고 있는데, 우편배달부 아저씨가 왔습니다.

"계세요?"

은서가 나가는데, 초인종을 누르는 아저씨 때문에 현관에 매달아 놓은 전구가 번쩍번쩍 빛을 냈습니다. 엄마가 소리를 듣지 못하기 때문에 초인종과 동시에 번쩍이도록 전구를 매달아 놓은 것입니다. 청각언어 장애인에게는 이렇게 빛으로 표시하는 장치가 필요합니다.

"등기우편이다."

"저희 엄마는 청각언어 장애인이라서 제가 대신 받을게요."

"그래? 그럼 여기다 서명해라."

아저씨는 PDA(개인용휴대단말기)를 내밀었습니다. 터치스크린에 이름을 쓰고, 엄마에게 우편물을 보여 주었습니다. 뜯어 보니 장애인의 날을 맞이하여 축제가 있으니 놀러 오라는 초대장이었습니다.

'엄마, 장애인의 날에 잔치가 있으니 복지관에서 놀러 오래요.'

은서는 엄마와 수화로 대화를 나눴습니다.

엄마 아빠가 둘 다 청각언어 장애인이어서 어릴 때 은서는 큰아버지 댁에서 자랐습니다. 엄마 아빠에게 말을 배우지 못하기 때문입니다.

청각언어 장애인들의 자녀는 어릴 때 말을 못 배우기에, 자칫하면 엄마 아빠처럼 언어 장애인이 되고 맙니다.

다행히 은서는 큰아버지 댁에서 자라 말을 잘 하게 되었습니다.

은서는 말을 하게 되고 나서 엄마 아빠 집으로 돌아왔습니다. 하지만 그때부터는 수화를 새로 배워야 했습니다. 집에서 엄마 아빠가 쓰는 수화는 사실 제대로 된 수화가 아닙니다. 수화에도 표준 수화, 사투리 수화 등 종류가 많습니다.

하지만 기본적인 수화를 익혔기 때문에 은서는 장애인 친구들을 만나도 의사소통하는 데 별 문제가 없습니다. 학교에서도 은서는 수화 선생님 노릇을 합니다. 아이들에게 간단한 수화를 가르쳐 주는 것입니다. 요즘에는 수화를 하면 다른 외국어를 하는 것처럼 아이들이 신기해하고 대단하게 보아 줍니다.

은서가 숙제를 마치고 거실로 나오자, 아빠가 퇴근해 돌아왔습니다. 역시 청각언어 장애인인 아빠는 가까운 공장에서 일을 합니다. 커다란 기계가 시끄러운 소리를 내는 곳입니다. 비장애인들은 모두 귀마개를 해야 하지만, 아빠는 그러지 않아도 됩니다. 장애인공단이라는 곳에서 소개해 준 일자리입니다. 소리가 시끄러운 곳은 청각언어 장애인들이 일하기 유리한 곳이기도 합니다.

"아빠, 다녀오셨어요?"

"그래. 우리 은서 고생이 많았지?"

아빠는 은서의 입술을 읽을 줄 압니다. 구화를 배웠기 때문입니다. 하지만 집에서는 수화를 많이 씁니다. 사람들과 대화를 나눌 때 구화로 상대방의 입술 모양을 보고 말뜻을 알아들을 수 있지만, 아빠가 직접 하는 말은 쇳소리 같습니다. 왜냐하면 자신이 하는 말을 들으면서 목소리를 조절할 수 없기 때문입니다. 그래서 구화를 하는 장애인들의 말은 조금 이상하게 들립니다.

아빠가 씻고 나오자 은서네 가족은 단란한 저녁상을 맞았습니다.

"아빠, 장애인의 날에 복지관에서 잔치가 있대요."

"그래? 그럼 나도 가야지."

은서는 말도 하고 수화도 하면서 맛있게 저녁식사를 했습니다. 밖에서 보면 마치 다른 나라 사람들이 모여 있는 것 같겠지요. 말로 대화를 나누는 일이 별로 없기 때문에 은서네 집은 조용합니다. 다른 집처럼 크게 떠들거나 웃고 우는 소리가 새어 나오지도 않습니다.

청각언어 장애인끼리 가정을 꾸린 엄마 아빠는 은서가 태어난 것을 매우 기뻐합니다. 어떻게 해서든 은서를 곱게 잘 키우겠다는 것이 엄마 아빠의 큰 목표입니다.

저녁을 먹고 컴퓨터를 켜자, 선생님의 이메일이 와 있었습니다.

은서야, 선생님이야. 오늘 네가 학교에서 수화를 아이들에게 가르치는 것을 보면서 정말 기뻤단다. 엄마 아빠가 청각언어 장애인이시지만, 부끄러워하거나 슬퍼하지 않고 꿋꿋하게 생활하는 네가 선생님은 자랑스러워.
　　아이들에게 수화도 많이 가르쳐 줘서 고맙다. 수화를 할 수 있는 능력은 장애인와 비장애인들을 연결하는 든든한 다리 역할이란다. 우리 은서는 커서 장애인들을 돌봐 주고 도와주는 사회복지사가 되면 참 좋을 것 같아.
　　은서야, 용기 잃지 말고 힘내자.

　선생님은 이렇게 은서를 사랑해 주십니다. 은서도 그런 선생님이 계시기 때문에 학교에 가는 것이 즐겁습니다. 그리고 아이들에게 수화도 떳떳하게 가르쳐 줄 수 있습니다. 장애가 있다는 것은 무엇을 할 수 없다는 의미가 아니라, 또 다른 것을 새롭게 할 수 있는 의미라고 선생님이 늘 말씀해 주셨기 때문입니다.

　은서가 거실에 나가 보니, 아빠는 엄마가 깎아 놓은 과일을 드시며 텔레비전을 보고 있었습니다. 함께 과일을 먹으며 은서는 생각했습니다. 엄마 아빠가 장애인이지만, 우리 집은 늘 행복이 가득하다고요. 왜냐하면 장애 때문에 슬퍼하거나 좌절하지 않고, 서로를 위하면서 저마다 할 수 있는 일을 열심히 하고 있기 때문입니다.

# 청각 장애, 언어 장애

'청각 장애'는 귀에서 뇌에 이르는 청각 기관 가운데 어느 부분의 이상으로 소리를 듣지 못하거나, 들은 소리의 뜻을 이해하지 못하는 경우를 통틀어 말합니다. 작은 소리를 알아듣지 못하나 큰 소리만 알아들을 수 있는 것을 '난청'이라고 합니다. 전혀 알아듣지 못하는 것은 '농'입니다. 자기 소리를 듣지 못하다 보니 말도 하지 않게 되어 언어 장애가 같이 오는 경우가 많습니다.

'언어 장애'는 음성이나 언어에 장애가 있어 의사소통이 어렵거나 이루어지지 않는 경우를 말합니다. 언어 장애에는 소리를 내는 데 이상이 있는 '음성 장애', 발음이 정확하지 못한 '조음 장애', 말의 리듬이 깨진 '말더듬', 말을 정상으로 잘하던 사람이 뇌졸중이나 뇌손상을 받아 말을 할 수 없게 된 '실어증', 그리고 자라나는 어린아이가 말을 자기 나이에 비해 늦게 하는 '언어 발달 지체' 등이 있습니다.

## 들리지 않아 더 열정적인 화가, 운보 김기창

운보 김기창 화백은 1914년 서울 종로에서 태어났습니다. 여덟 살 때 장티푸스에 걸려 죽을 고비를 넘겼지만, 고열 때문에 청신경이 마비되어 청각 장애인이 되었습니다.

하지만 어머니가 그림에 천부적인 소질이 있던 김기창 소년을 김은호 화백에게 데려가 제자로 키워 달라고 부탁했습니다. 열심히 그림을 배운 김기창은 일찍부터 재능을 발휘하여 대가의 길로 들어섰습니다. 그는 자신이 처한 장애와 환경을 이겨 내려는 불굴의 의지를 가진 작가였습니다. 그는 한국 미술의 전통을 현대적으로 다시 해석했으며, 과감하면서도 자연주의적이고 해학적인 그림을 그렸습니다.

또한 예순여섯 살이 되던 1979년에 한국농아복지회를 만들어 초대 회장에 취임했으며, 장애인 복지에 관심을 가지고 1982년 농아복지회관을 세웠습니다. 2001년에 여든여덟 살의 나이로 숨질 때까지 김기창은 뛰어난 예술혼을 불사른 화가이면서, 농아인들에게 사랑을 펼친 진짜 어른이었습니다.

### 손으로도 얘기할 수 있어요

'수화'란 무엇일까요? 우리는 입으로 말하고 귀로 들으면서 다른 사람들과 의사소통을 합니다. 그런데 말하고 듣는 데 장애가 있는 사람들은 우리와 같은 방법을 사용할 수 없습니다. 이때 쓰이는 것이 수화입니다. 수화는 다른 말로 '수어' 또는 '손가락 말'이라고도 하는데, 몸짓이나 손짓으로 표현하는 의사 전달 방법입니다. 손가락이나 팔로 그려내는 모양, 위치, 이동하는 모습, 얼굴 표정이나 입술의 움직임을 종합적으로 사용합니다. 우리가 말로 대화하는 것이 '음성 언어'라면, 수화는 '시각 언어'라고 할 수 있지요.

※ 자신의 이름을 수화로 익혀 언어 장애인에게 보여 주면 무척 반가워합니다.
여러분도 해 보세요.

### 소리를 모아 주는 작은 기계

보청기는 소리를 모아 더 잘 듣게 해 주는 기구입니다. 최초의 보청기는 나팔 모양으로 생겼습니다. 기술이 발전하면서 지금의 보청기는 전자식으로 아주 작게 개발되었습니다.

대개 보청기는 소리를 전류로 바꾸는 마이크로폰, 그리고 전류를 증폭하는 증폭기, 증폭된 전류를 원래보다 더 크게 소리로 변환시키는 이어폰으로 구성되어 있습니다. 요즘은 기술의 발달로 안경테에 부착하거나 귓불 뒤, 또는 아예 귓구멍 안에 넣을 수도 있습니다.

모든 소리를 다 증폭시키면 안 되기에, 대개 보청기는 사람이 들을 수 있는 400~4,000㎐(헤르츠) 범위 안에서 언어음을 증폭시키게 됩니다.

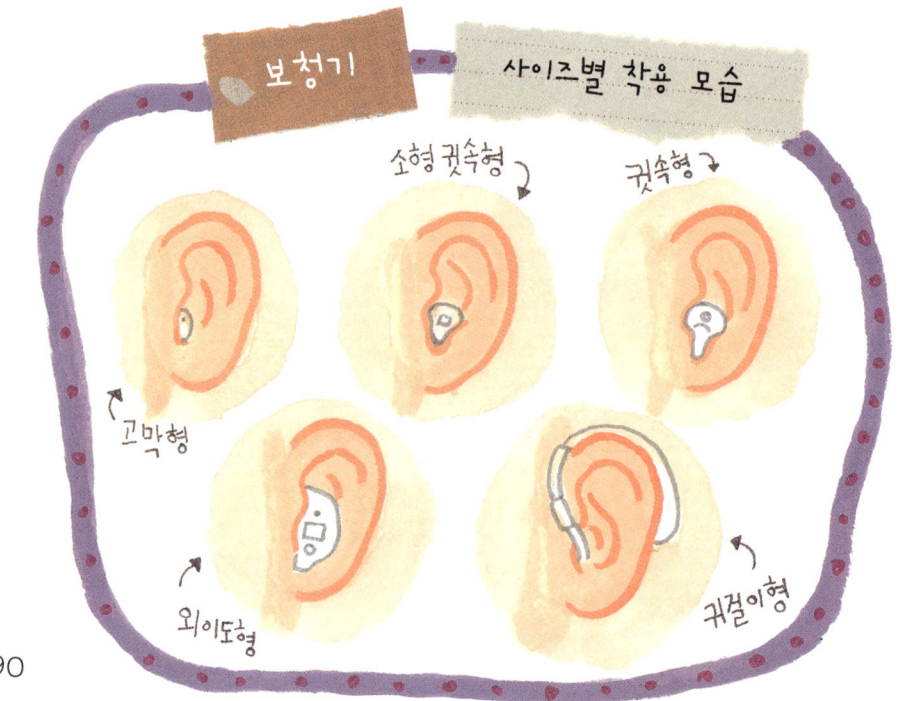

보청기 사이즈별 착용 모습
- 소형 귓속형
- 귓속형
- 고막형
- 외이도형
- 귀걸이형

### 귓속에 달팽이를 넣는다고?

인공와우 수술은 청각 장애인들이 최후로 시도하는 방법입니다. 소리를 듣게 하는 기관인 달팽이관에 백금으로 만든 실 같은 전극을 넣어 전기 신호로 소리를 듣게 하는 것입니다. 하지만 전극을 달팽이관에 삽입하게 되면, 조금 남아 있던 청각 세포들이 모두 파괴됩니다. 그래서 이 수술은 더 이상 쓸 수 있는 청각 세포가 없을 때 하는 수술입니다. 대개는 양쪽 귀의 청력이 너무 나빠 보청기로도 의사소통이 안 되는 사람들만 하는 수술이라고 생각하면 됩니다.

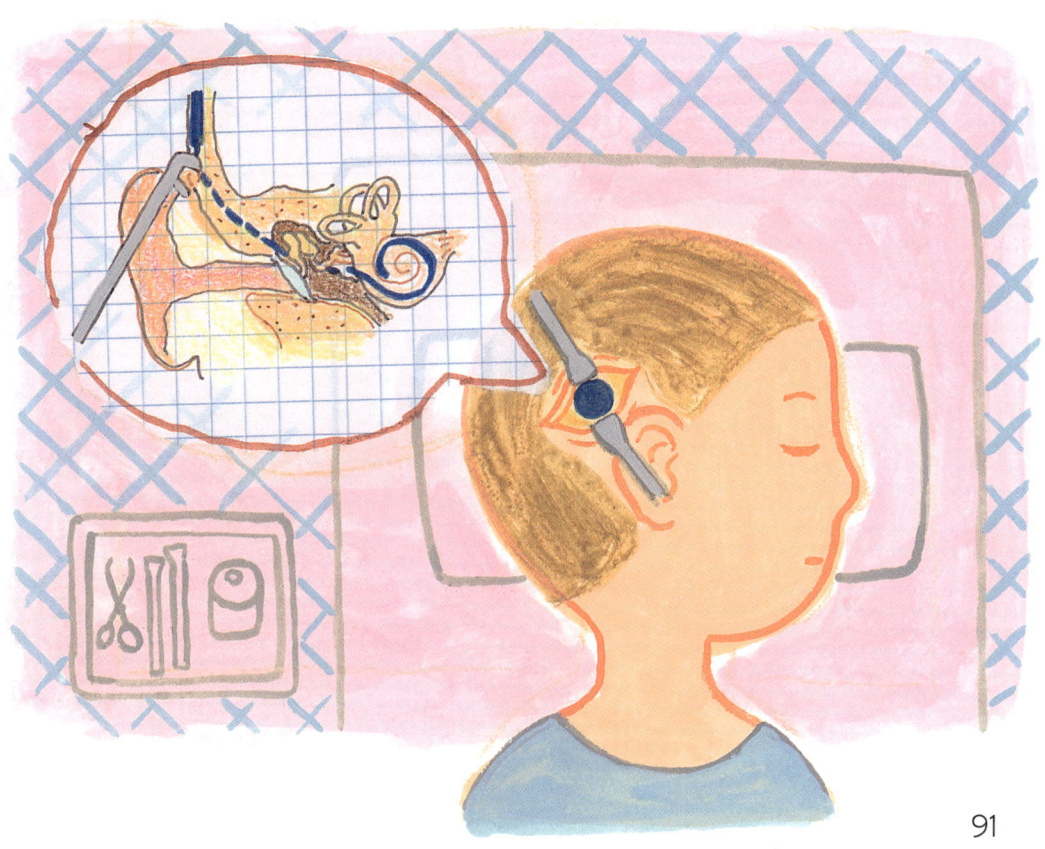

 ## 청각·언어 장애인은 이렇게 배려해요

청각 장애와 언어 장애는 겉으로 드러나지 않기에 많은 사람들이 어떻게 대해야 할지 잘 모르는 경우가 많습니다. 그래서 이들을 만나면 먼저 어떤 수단으로 의사소통하는 것이 좋을지 상대에게 확인해야 합니다.

대표적인 방법은 손으로 하는 '수화'

손가락으로 하는 '지화'

종이나 핸드폰에 글을 쓰는 '필담'이 있습니다.

청각 장애인 앞에서 아무 얘기나 함부로 하는 것은 예의가 아닙니다.

청각 장애인들 가운데는 소리를 약간 듣거나, 입술 모양으로 무슨 말을 하는지 알아듣는 사람도 있습니다.

따라서 적당히 크고 일정한 소리로, 약간 느리게, 분명하고 바른 입 모양으로 간단하게 이야기하면 됩니다.

한 문장이 끝나면 잠깐 쉬고 다음 문장을 말해야 합니다. 이야기 도중에 전화가 오거나 다른 사람이 방문하면 설명해 주어야 합니다.

표정을 관찰하여 상대방이 내용을 이해하고 있는지 확인하는 것도 무척 중요합니다. 몸짓과 얼굴 표정도 많은 것을 쉽게 전달해 주기 때문입니다.

색안경이나 커다란 차양이 달린 모자는 얼굴과 눈을 가리므로 피하는 게 좋습니다. 그리고 과장된 얼굴 표정과 몸동작을 할 필요는 없습니다.

### 이런 책이 있어요
《청각 장애 아동의 부모를 위한 지침서》, 윤미선 외 | 군자출판사
《가장 아름다운 언어 수화》, 강옥 | 서웅출판사

### 이런 영화도 있어요
〈작은 신의 아이들〉,
랜다 헤인즈 감독 | 1987
〈홀랜드 오퍼스〉,
스티븐 헤렉 감독 | 1995
〈비욘드 사일런스〉,
칼톨리네 링크 감독 | 1998
〈달팽이의 별〉,
이승준 감독 | 2012

### 청각장애인 관련 단체
- 한국농아인협회
 (www.deafkorea.com)
- 한국농아방송(인터넷)
 (www.idbn.tv)

 ## 수화를 배워봅시다

　어떠한 생각이나 감정을 표현할 때 청각 장애인은 건청인(청각 장애인이 아닌 사람)과 방법이 다릅니다. 손짓, 몸짓, 얼굴 표정 등을 사용합니다. 따라서 수화는 청각 장애인들의 의사소통에서 매우 중요한 수단이라 할 수 있지요.

　수화는 인류가 이 지구상에 태어났을 때부터 시작되었다고 생각됩니다. 역사가 참 길지요? 이때의 수화는 자연 발생적인 손짓, 몸짓이었습니다. 그러다 18세기 프랑스 파리에서 수화식 학교가 시작되면서 문법적 수화가 태어났습니다. 이전에는 교육 현장에서 수화가 언어 습득에 방해가 된다는 이유로 오랫동안 금지시키기도 했습니다. 하지만 시간이 많이 흐르고 청각 장애인들의 정확한 의사소통을 위해 수화의 필요성이 강조되어 이제는 하나의 언어로 자리매김했습니다.

　수화의 원리는 우리가 사용하는 말과 조금 차이가 있습니다. 예를 들어, '나는 당신을 사랑합니다'라는 의미를 전달할 때 우리는 다양한 표현을 할 수 있습니다. '나는 당신만 사랑합니다', '나도 당신을 사랑합니다', '나는 당신을 사랑할 수밖에 없어요' 등등.

　하지만 수화로는 이렇게 다양하게 표현할 수 없습니다. '나'를 뜻하는 동작과 '당신'을 뜻하는 동작, 또 '사랑'을 뜻하는 동작을 이어서 함으로써 '나는 당신을 사랑합니다'라는 핵심적인 의미만 전달하기 때문입니다. 수화는 이처럼 다양한 표현을 하기는 힘들지만, 청각·언어 장애인이 다른 사람들과 소통할 수 있는 참 아름다운 언어라고 할 수 있습니다.

## 우리도 간단한 수화를 한 번 배워 볼까요?

'**고맙습니다**'를 표현하려면 왼손을 가슴 정도로 들어 올린 다음, 손바닥을 쭉 폅니다. 그리고 오른손으로 왼손 등을 두어번 두드리면 됩니다. 물론 얼굴 표정은 고맙다는 의사를 드러내고 있어야 하겠지요.

'**안녕하세요?**'의 의미는 '잘 있으십니까?'와 비슷합니다. 그래서 '잘+있다'라는 의미를 통해 나타냅니다. '잘'을 표현하려면 왼팔을 앞으로 쭉 내민 다음, 오른손으로 위에서 아래로 쓸어내리면 됩니다. '있다'는 두 주먹을 쥐어 보이는 것으로 표현합니다. 그러면서 동시에 머리를 수그리며 인사를 하면 됩니다.

'**기분 좋다**'는 '기분'과 '좋다'라는 두 낱말이 합친 것입니다. '기분'은 오른손을 펴서 가슴에 대고 작은 원을 그리면 됩니다. '좋다'는 주먹 쥔 손을 콧등에 대는 것으로 표현합니다. 따라서 먼저 오른손을 펴서 가슴에 대고 작은 원을 그린 다음, 주먹 쥔 손을 콧등에 대면 '기분이 좋다'라는 의미가 됩니다.

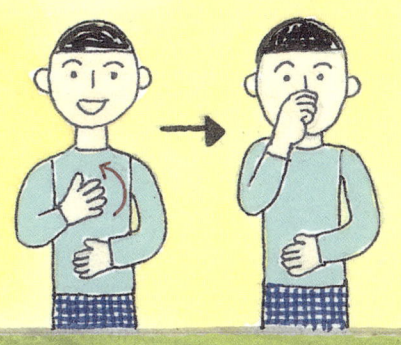

5 뇌병변 장애

# 할아버지 전동 휠체어가 오던 날

병식이는 인라인스케이트를 타고 동네를 누볐습니다. 오늘은 토요일입니다. 학교에 안 가니까, 평소에 타고 싶던 인라인스케이트를 신나게 타는 중이었습니다.

그때, 병식이네 집 베란다 창문이 열리더니 엄마가 소리쳤습니다.

"병식아, 들어와! 할아버지 댁에 가야지."

"네? 인라인 조금만 더 타면 안 돼요?"

"안 돼. 할아버지가 기다리셔. 오늘 할아버지 전동 휠체어 오는 날이야."

"에이, 더 놀고 싶은데……."

병식이는 투덜대며 집으로 들어왔습니다. 오늘 같은 주말에 실컷 타야 되는데, 할아버지 댁에 가야 하기 때문입니다.

"엄마, 정말 안 가면 안 돼요?"

"안 된다니까. 할아버지께 중요한 날이야."

"그럼 할아버지 댁에 가서 인라인 타면 안 돼요?"

"글쎄, 그건 모르겠는데?"

병식이는 재빨리 인라인스케이트를 챙겨 배낭에 넣었습니다. 그리고 나서 아빠가 운전하는 차를 타고 할아버지 댁으로 향했습니다.

"정말 아버님한테 너무 무심했어요."

"그러게."

"이렇게 바깥에 다니고 싶어 하실 줄 누가 알았겠어요?"

병식이 할아버지는 몇 년 전에 뇌졸중으로 쓰러진 장애인입니다.

할아버지가 쓰러졌을 때, 아빠와 엄마는 할아버지가 돌아가시는 줄로만 알았습니다. 황급히 병원으로 달려갔더니 의사 선생님이 말했습니다.

"다행스럽게 뇌손상이 크지는 않아요. 반신불수지만, 재활 훈련을 열심히 하시면 걸을 순 있을 겁니다."

하지만 수술을 해 보니 할아버지의 장애는 심각했습니다. 오른쪽 뇌가 다 상해서 퇴원한 뒤로 재활 훈련을 했지만, 효과가 별로 없었습니다. 오른쪽 뇌가 상하면 왼쪽 몸을 쓰지 못한다더니, 할아버지는 왼팔이 오그라들고 왼쪽 다리도 힘이 없었습니다.

할아버지가 장애인이 된 뒤로는 할머니가 고생이셨습니다. 하루 종일 곁에 붙어 시중을 들어야 했으니까요.

"어머님을 뵈면 늘 죄송해요. 너무 고생하셔서……."

엄마는 며느리 된 도리로 시아버지를 잘 보살펴 드리지 못해 미안하다고 했습니다.

"어쩌겠어? 당신도 아이들 키워야 되고 살림을 해야 하는데."

그런 엄마의 마음을 알았는지 아빠가 위로해 주었습니다.

"하지만 나라에서 이렇게 휠체어를 지급해 주니까 다행이야."

"그러게요. 그 사회복지사가 없었더라면, 아버님을 그냥 방구석에만 모실 뻔했잖아요."

한 달 전, 사회복지사가 병식이네 집에 찾아 왔을 때였습니다. 아버지는 혹시나 해서 물었습니다.

"저희 아버님이 장애인이셔서 방에 누워만 계신데, 어떻게 조치하면 좋을까요?"

"혹시 뇌병변 장애인이세요?"

"병원에서 그렇다고 하던데, 뇌병변이 도대체 뭐죠?"

"옛날에는 지체 장애라고 그랬어요. 요즘엔 분리해서 따로 얘기하지요. 뇌성마비나 뇌손상, 뇌졸중 같은 뇌의 병에 의해 신체 장애가 생긴 사람을 뇌병변이라고 해요. 예전에는 거동이 불편해서 집에서만 지냈지만, 요즘은 전동 휠체어를 타면 얼마든지 바깥을 돌아다닐 수 있어요."

"정말입니까? 집에만 누워 계셔야 하는 게 아니고요?"

"그럼요. 건강보험공단에 신청하시면, 큰 부담 없이 전동 휠체어를 보급해 드려요. 요즘 어르신들이 전동 휠체어 타는 거 많이 보셨죠?"

"네."

"그렇게 해서 타고 다니시는 분들이에요. 장애인이라면 방에만 있어야 될 것 같지만, 그렇지 않답니다. 누구나 자유롭게 밖을 나가 보고 싶어하니까요."

아빠와 엄마는 할아버지에게 가서 물었습니다.

"아버님, 휠체어 가져오면 밖에 나가 보실래요?"

할아버지는 희미하게 고개를 끄덕였습니다. 아니라고 하실 줄 알았는데, 고개를 끄덕이자 모두 깜짝 놀랐습니다. 옆에 있던 병식이가 말했습니다.

"아빠, 우리 선생님이 그러시는데요, 사람들은 바깥에 나가 돌아다니는 걸 좋아한대요. 원시 시대부터 먹을 걸 찾고 채집을 하려는 본능이 남아 있어서 그런 거래요."

"그래, 우리 아들 똑똑하네."

이렇게 해서 전동 휠체어를 구매하게 된 것입니다.

"할아버지, 저 왔어요."

병식이가 집에 들어가니, 전동 휠체어 기사가 벌써 와 있었습니다.

"이 전동 휠체어는 작동이 굉장히 쉽습니다. 어르신이 앉으셔서 손가락만 움직이시면 됩니다. 왼손을 못 쓰시니까, 오른손으로만 작동할 수 있게 제가 조정을 해 놨습니다. 왼손을 쓰시는 분에겐 왼쪽으로 스위치를 옮겨 드릴 수도 있지요."

거창한 의자처럼 생긴 전동 휠체어가 병식이 눈에는 정말 신기했습니다. 스위치에는 토끼와 거북이가 그려져 있었습니다.

"이건 뭐예요?"

"토끼는 빨리 가는 거고, 거북이는 느리게 움직이는 거야."

"이 게임기 스틱 같은 거는요?"

"조이스틱이야. 이걸 앞으로 밀면 앞으로 가고, 뒤로 밀면 뒤로 간단다."

"와, 정말 신기하다."

병식이는 한번 타 보고 싶은 마음이 굴뚝같았지만, 할아버지 것이니까 꾹 참았습니다.

이윽고 침대에 누워 계시던 할아버지를 아빠와 할머니가 부축해 전동 휠체어에 앉혔습니다. 그리고 벨트를 몸통에 단단히 맸습니다.

"이걸 살살 움직여 보세요."

휠체어 기사 아저씨가 말했습니다. 할아버지는 불편하지 않은 오른손으로 조이스틱을 앞으로 밀었습니다. 그러자 전동 휠체어가 가볍게 움직였습니다.

"와, 간다!"

병식이는 신이 나서 탄성을 질렀습니다. 십여 분 동안 할아버지는 전동 휠체어 조작하는 방법을 배웠습니다. 그러더니 거실을 빙글빙글 돌기 시작했습니다. 할아버지 얼굴이 어린아이처럼 환하게 빛났습니다.

"허허허!"

엄마와 아빠, 그리고 할머니도 모두 기뻐했습니다. 할아버지 혼자 힘으로 이제는 어디든지 갈 수 있게 되었으니까요.

휠체어 기사 아저씨가 가고 나자, 병식이는 할아버지를 졸랐습니다.

"할아버지, 할아버지, 우리 밖에 나가요!"

"병식아, 처음부터 나가면 할아버지가 힘드셔. 아직 휠체어가 익숙하지도 않으신데……."

아빠가 말렸지만, 할아버지는 손을 들어 문을 열라는 표시를 했습니다. 아빠는 걱정스러운 표정으로 아파트 출입문을 열었습니다. 할아버지는 가볍게 휠체어를 몰아 엘리베이터 앞에 섰습니다. 젊은 시절에 택시 운전을 하셔서 그런지, 처음 타 보는데도 전동 휠체어를 기가 막히게 몰았습니다.

이윽고 바깥에 나오자 할아버지 눈에서 눈물이 주르륵 흘렀습니다. 얼마 만에 혼자 힘으로 자유롭게 밖에 나오는 건지 몰랐습니다.

"와, 아버님이 우시네!"

엄마가 말했습니다. 따라온 할머니도 눈물을 흘렸습니다.

"아이구, 우리 영감이 좋아하시네!"

할아버지는 거북이를 토끼로 바꾸더니 주차장을 횡 하니 달렸습니다.

"어, 할아버지 같이 가요!"

인라인스케이트를 신은 병식이가 달려가서 할아버지 휠체어에 매달렸습니다. 전동 휠체어가 병식이를 끌고 주차장을 나는 듯 달렸습니다. 아빠 엄마와 할머니는 몹시 기뻐하며 생각했습니다. 장애가 있다고 해서 집 안에만 틀어박혀 있어서는 안 된다고요.

# 뇌병변 장애

중추 신경이 다쳐서 생긴 복합적인 장애입니다. 뇌에 이상이 와서 걸어 다니거나 일상생활을 할 때 불편을 겪습니다.

## 몸의 반쪽이 움직이지 않아요

'반신불수' 또는 '편마비'라고도 합니다. 몸의 반쪽을 잘 쓰지 못하는 노인 분들이 많지요? 뇌에 손상이 왔기 때문에 그렇게 되는 경우가 많습니다. 오른쪽 뇌에 손상이 오면 왼쪽 몸이, 왼쪽 뇌에 손상이 오면 오른쪽 몸이 마비되지요. 이런 증상은 뇌에서 등뼈 안의 척수 끝까지 연결되는 신경 회로가 망가질 때 발생합니다. 대개는 상처나 암으로 인한 종양, 감염으로 인한 염증 때문에 손상이 생깁니다. 따라서 마비가 온 부분과, 말을 못하거나 팔다리를 자유롭게 못 쓰는 현상을 관찰하면, 손상 받은 부분이 어디인지 추측할 수 있습니다.

### 장애인을 돕는 전문직, 사회복지사

사회복지와 관련된 전문 지식과 기술을 갖춘 사람을 사회복지사라고 합니다. 이들은 사회복지 프로그램을 개발하고 운영하는 일을 합니다. 공무원이 되어 각 지역에서 자격증을 가지고 일하기도 하고, 사회복지 기관이나 시설에서도 일합니다. 아동청소년복지, 노인복지, 장애인복지, 모자복지 등 활동 분야가 다양합니다.

이들은 질병을 앓는 환자나, 장애가 되는 병을 앓는 사람들의 문제를 해결하도록 돕기도 합니다. 그리고 환자가 퇴원한 뒤에도 정상적인 사회생활을 할 수 있도록 사회복지 서비스를 제공하기도 합니다. 그 밖에 정신보건 분야에서 근무하거나, 학교에서 학생들을 돕기도 합니다. 그런 과정에서 장애인들의 생활을 지도하고 상담해 줍니다. 사회복지사는 우리나라가 복지국가가 되는 데 꼭 필요한 고마운 분들입니다.

 **뇌졸중을 앓았던 수상, 윈스턴 처칠**

"헉헉!"

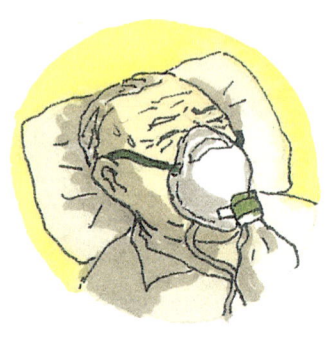

1945년 2월, 윈스턴 처칠은 제2차 세계대전을 끝내기 위한 회담을 하러 얄타로 가는 비행기 안에서 거친 숨을 쉬며 산소 호흡기 신세를 졌습니다. 몸이 이미 망가질 대로 망가졌기 때문입니다. 난청과 결막염과 폐렴, 그리고 탈장까지 그를 괴롭혔습니다. 하지만 결정적으로 그를 쓰러뜨린 건 바로 뇌졸중이었습니다.

처칠이 처음 뇌졸중을 겪은 것은 1941년이었습니다. 다행스럽게도 의사가 적절한 조처를 취해 무사했습니다. 두 번째 뇌졸중은 1952년에 일어났습니다. 머리가 멍해지고, 혀가 꼬부라지며, 언어 장애가 왔습니다. 기억력

도 떨어지고 날짜도 알지 못할 정도가 되어 업무를 볼 수 없게 되었습니다. 그 뒤로도 처칠은 계속되는 발작과 뇌졸중으로 쓰러졌다 일어나길 반복했습니다. 그는 이렇게 장애인으로 서서히 쇠약해지다가, 1965년 아흔한 살의 나이로 세상을 떠났습니다.

하지만 지금도 우리는 처칠을 제2차 세계대전의 승리자, 노벨 문학상 수상자, 강한 의지로 영국을 구한 수상으로 기억하고 있습니다.

### 약한 몸을 받쳐 주는 보철기, 브레이스

<포레스트 검프>라는 영화를 보면, 주인공이 약한 다리에 힘을 주기 위해 철로 지지대를 만들고 가죽 밴드로 다리를 감싼 보철기구를 차고 있습니다. 그러다가 달리기 시작하자 이것을 벗어 버리는데, 실제로는 이렇게 쉽게 벗을 수 있는 게 아닙니다. 다리나 허리를 지지해 주는 보철장치를 브레이스라고 하는데, 요즘은 치과에서 치아 교정을 하는 교정기도 브레이스라고 부릅니다.

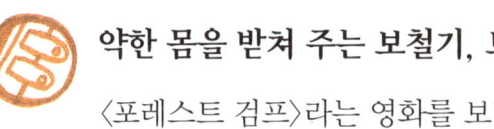

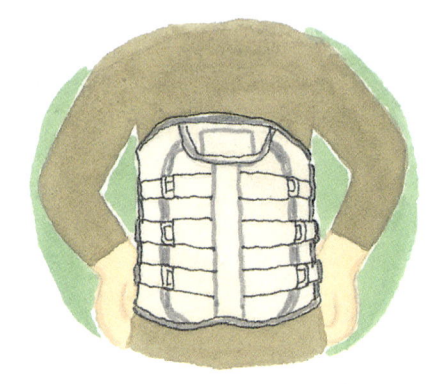

### 나무로 만든 다리, 목발

'크러치'라고도 합니다. 대개는 겨드랑이에 받쳐서 몸무게를 분산시켜 걷기 편하게 하는 기능을 합니다. 하지만 팔뚝과 손으로만 짚는 크러치도 있습니다. '밀레니얼 크러치'라고 하는데, 이것을 사용하면 간편하고 빠르게 걸을 수 있습니다.

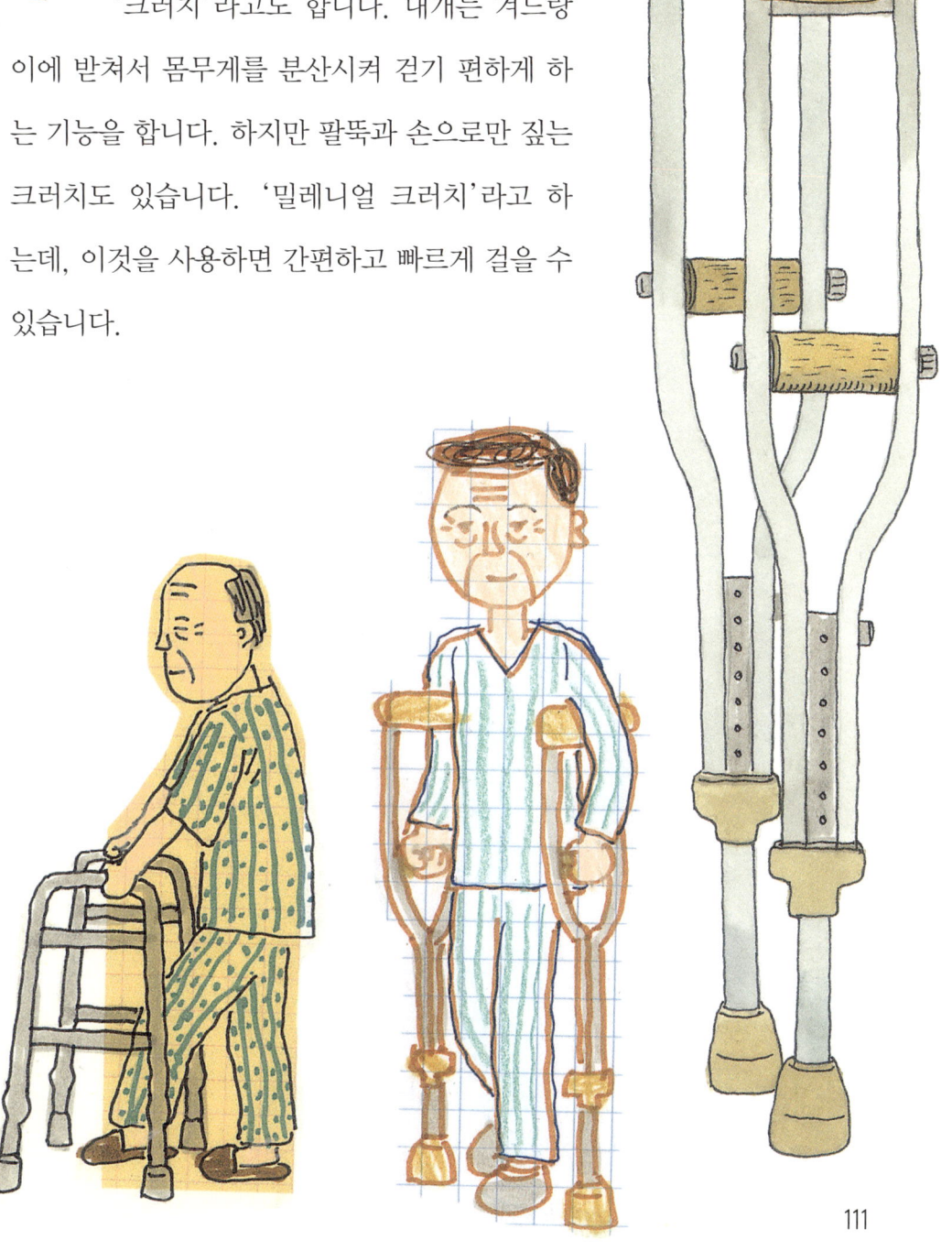

 **이런 배려가 필요해요**

휠체어를 밀어 줄 때에는 장애인에게 도움이 필요한지 먼저 물어야 합니다. 그러지 않고 갑자기 밀면 사고가 날 위험이 있습니다.

내리막길이나 오르막길에서 휠체어 사용자에게 알리지 않고 휠체어를 놓는 것은 무척 위험합니다.

사용자가 직접 조종하는 전동 휠체어도 경사로의 각도가 크거나 바닥이 미끄러울 때, 길이 울퉁불퉁하여 바퀴가 잘 구르지 않을 때에는 손으로 밀어 주는 것이 도움이 됩니다.

수동 휠체어를 미는 것도 자동차 운전과 비슷합니다. 회전을 하거나 돌 때 장애물에 닿지 않도록 조심해야 합니다.

**● 이런 책이 있어요**
《타코와 황금날개》,
 레이 리오리 | 마루벌
《휠체어를 타는 친구》,
 졸프리드 뤽 | 보리출판사

**● 이런 영화도 있어요**
〈나의 왼발〉,
 짐 셰리던 감독 | 1990
〈오아시스〉, 이창동 감독 | 2002
〈여섯 개의 시선〉,
 국가인권위원회 | 2003

**● 뇌병변 관련 단체**
• 한국뇌병변장애인인권협회
 (www.kshb.or.kr)
• 부산 뇌병변복지관
 (www.busancp.or.kr)

휠체어가 작은 장애물에 부딪쳐도 장애인이 쉽게 바닥에 떨어질 수 있으므로 신중하게 도와야 합니다.

뇌병변 장애인들이 힘들게 비틀거리며 걸어도 함부로 부축하지 않도록 해야 합니다. 그렇게 하면 오히려 불편을 주게 될 수도 있기 때문입니다.

 ## 장애는 바로 우리의 문제입니다

　우리나라의 장애인 가운데 90% 이상은 비장애인으로 살다가 장애인이 된 사람들입니다. 유전적 요인이나 출산 과정에서 문제가 생겨 태어날 때부터 장애를 가진 사람은 많지 않습니다. 대부분은 정상적으로 잘 살다가 질병이나 교통사고, 산업 재해 등으로 장애인이 된 것입니다. 그리스 신화에 나오는 스핑크스의 수수께끼 이야기는 우리에게 큰 교훈을 줍니다.

스핑크스는 사람의 머리와 사자의 몸을 가지고 있습니다. 왕자의 권력을 상징하는 모습으로 표현된 것입니다. 테베의 바위산 부근에 살던 스핑크스는 지나가는 사람에게 수수께끼를 내고, 풀지 못한 사람을 잡아먹었답니다.

 ※ 장애는 남의 문제가 아니라, 바로 우리 모두의 문제입니다.

# 6 지적 장애

# 민지야, 고마워

민지는 사촌동생 혜민이를 데리고 놀이터에 나갔습니다. 방학을 맞이하여 작은아버지 댁에 놀러 온 것입니다.

"우리 언니다!"

사촌언니가 놀러오니까 혜민이는 아이들에게 자랑을 하고 싶었습니다. 같은 아파트에 사는 아이들은 혜민이와 친한 것 같았습니다. 함께 미끄럼을 타고 흙장난도 하는데, 갑자기 어디선가 모래가 휙 날아왔습니다.

"으아아앙!"

눈에 모래가 들어가자 혜민이가 울음을 터뜨렸습니다.

"어머, 혜민아!"

민지는 다가가서 눈을 닦아 주었습니다. 가지고 있던 생수병의 물로 눈을 씻어 주었습니다. 고개를 돌려 보니, 저쪽에 멀쩡하게 생긴 아이 하나가

심술궂은 표정을 한 채 쳐다보고 있었습니다.

"왜 내 동생한테 모래 뿌렸니?"

민지는 그 아이를 쏘아보며 물었습니다. 아이는 아무 말 없이 다시 모래를 집어서 마구 뿌렸습니다. 그러자 함께 놀던 혜민이 친구들이 모두 손가락질을 하며 말했습니다.

"저리 가, 이 녀석아!"

"너랑 안 논단 말이야!"

그 아이는 따돌림을 당하는 것 같았습니다.

"혜민아, 쟤 누구야?"

"응, 우리 학교 다니는 애야. 태석이라고 하는데, 장애아래."

"무슨 장애?"

"몰라. 그냥 장애아래."

민지는 자세히 살펴보았습니다. 태석이는 잠시도 가만있지 않았습니다. 모래를 뿌리다가 갑자기 미끄럼틀로 올라가더니, 줄 서서 타는 아이들 사이를 비집고 들어가 휙 하니 미끄러져 내려왔습니다. 그러면서 이상한 소리를 마구 질렀습니다.

"우와아아!"

지켜보는 민지가 가슴이 두근두근 할 정도로 지나친 행동을 하는 거였습니다. 그러더니 이번에는 커다란 돌멩이를 들고 달려왔습니다.

"얘, 위험해! 그만 해!"

민지가 막아서며 팔을 벌리자, 태석이는 그 돌을 민지에게 던지려 했습니다. 민지는 재빨리 돌멩이를 빼앗았습니다. 그러고는 발버둥치는 태석이를 붙잡아다 벤치에 앉혔습니다.

"너 좀 가만히 못 있니?"

민지는 태석이 손목을 꼭 잡았습니다. 태석이의 손을 붙잡고 집으로 데리고 가기로 한 것입니다.

"너희 집에 가자."

"싫어, 싫어!"

싫다는 소리만 하며 태석이는 발버둥을 쳤습니다.

"너희 집 어디야?"

그러다가 태석이의 목에 걸린 목걸이 주소를 보았습니다. 민지는 태석이를 데리고 가서 14동 505호의 초인종을 눌렀습니다.

그러자 지친 표정의 아주머니가 내다보았습니다.

"여기가 태석이네 집이죠?"

"어머, 너 언제 또 나갔어?"

엄마가 깜짝 놀라며 태석이를 안았습니다. 그리고 문을 닫으려는 걸 보고 민지가 말했습니다.

"아줌마, 제가 가면 태석이 야단치실 건가요?"

"우리 태석이가 또 무슨 사고 쳤니?"

"아니오. 친구들하고 잘 못 노는 것 같아요. 돌멩이를 던지려고 해서 제가 빼앗았어요."

"큰일 날뻔했네. 너는 누구니?"

"잠깐 들어갔다 가도 되요? 태석이가 제 동생이랑 비슷해서요."

"정말?"

"네. 제 동생이 ADHD예요. 얘도 그렇죠?"

"어머, 그래? 잠깐 들어와 봐."

민지는 집에 따라 들어갔습니다. 민지의 동생인 민혁이도 ADHD, 그러니까 주의력결핍 과잉행동 장애인 것입니다. 그런 동생 때문에 민지는 언제나 마음이 아팠습니다.

태석이 엄마는 태석이를 깨끗이 씻기고 옷을 갈아입혔습니다. 태석이는 이제 컴퓨터 게임에 빠져들었습니다.

"자기가 좋아하는 건 저렇게 집중하면서도, 갑자기 충동적이 된단다."

아주머니가 민지에게 주스를 따라 주며 말했습니다.

"네 동생도 저렇다고?"

"네. 제 동생도 친구들과 잘 못 사귀고 따돌림을 당해요."

"몇 학년인데?"

"사학년이에요. 아빠 엄마도 처음엔 제 동생을 야단쳤어요. 야단치면 될 줄 아셨던 거예요."

"그랬구나."

"그런데 병원에 다닌 뒤로 엄마 아빠는 더 이상 동생을 야단치지 않아요. 동생 잘못이 아니니까요."

"그래, 남의 일 같지가 않네."

"태석이랑 전문가하고 상담 받으세요?"

동생 문제로 책도 많이 읽은 민지가 어른스럽게 물었습니다.

"글쎄, 받긴 받아야 하는데, 애를 병원 데리고 다니는 게 어려워서."

"제 동생도 전문가에게 꾸준히 상담 받으면서 많이 좋아졌어요. 행동하는 것도 변했고요. 전문가를 꼭 만나세요."

"그래, 고맙다. 지금 걔는 어떤데?"

"학교생활을 잘하고 있어요. 제 동생처럼 태석이도 좋아질 수 있을 거예요."

"그래, 고맙다."

태석이 엄마는 민지의 착한 말씨에 감동을 받았습니다.

"태석이도 너 같은 누나가 있으면 참 좋을 텐데."

"의사 선생님 말씀으로는 저렇게 행동하는 게 결코 제 동생 잘못이 아니래요."

"그렇겠지. 하지만 보고 있으면 속상한 걸 어쩌니?"

"야단치는 것은 안 좋대요. 스트레스가 쌓이면 더 안 좋은 행동을 하니까요. 아이의 입장에서 더 잘 보살펴 주고 이끌어 줘야 한대요."

"맞아."

"전문가에게 상담 받으시고요, 태석이를 많이 사랑해 주세요."

"그래, 고맙다. 너는 몇 학년이니?"

"중학교 일학년이요."

"요즘 애들답지 않게 속이 깊구나. 네가 우리보다 낫다."

태석이네 집을 나오면서 민지는 생각했습니다. 누구도 장애인이나 장애인의 가족이 되고 싶어 된 사람은 없다고요. 그렇다면 장애를 있는 그대로 받아들인 다음, 문제를 해결하기 위해 함께 노력하는 게 중요하겠지요.

# 지적 장애

지적 장애는 간질에 의한 뇌신경 세포의 장애 때문에 생깁니다. 지적 장애인들은 일상생활이나 사회생활에서 다른 사람의 도움이 필요합니다. 장애인복지법에서는 지적 장애인을 "정신 발육이 지체되어 지적 능력의 발달이 불충분하거나 불완전하고, 자신의 일을 처리하는 것과 사회생활 적응이 현저히 곤란한 사람"으로 정의하고 있습니다. 지적 장애는 발달기에 유전, 질병, 상해 등 여러 원인에 의해 지적 능력의 결여가 있는 것을 말하며, 지적 능력의 부족보다는 이로 인한 사회적 부적응이나 문제 행동 등이 심각하게 여겨집니다.

### 물의 왕자, 마이클 펠프스

전 세계 수영의 강자인 마이클 펠프스는 'ADHD(주의력결핍 과잉행동 장애)'입니다. 펠프스가 수영을 하게 된 계기도, 한 가지 일에 몰두하여 그칠 줄 모르는 에너지를 쏟게 하기 위해서였습니다. 어머니는 펠프스가 일곱 살 때 이혼을 하고, 혼자서 아이 셋을 키웠습니다. 하루 종일 일을 해야 했기에, 아침 일찍 수영장에 데려다 주고 밤늦게 데리러 왔다고 합니다.

　펠프스는 2004년 아테네 올림픽에서 수영 6관왕에 올랐으며, 2008년 베이징 올림픽에서는 8관왕이 되어 올림픽 역사에서 전무후무한 업적을 이루었습니다. 이런 성공에는 그를 헌신적으로 돌본 엄마와 누나의 노력이 있었습니다. 경기를 마치고 메달을 따면 펠프스가 엄마부터 찾는 이유도 그 때문입니다.

　"나는 마음먹은 대로 할 수 있다. 하지만 나약한 마음을 먹는다면, 실패할 수밖에 없다."

　펠프스가 한 말입니다. 장애가 있고 없고는 인간의 능력을 발휘하는 데 문제가 되지 않습니다.

## 겉모습은 똑같아도 속이 아픈 사람들

지적 장애인은 신체적으로 건강하여 비장애인과 겉보기에는 차이가 없습니다. 따라서 주변 사람들은 이들이 장애인이라는 인식을 거의 하지 못합니다.

눈에 보이는 장애를 가진 사람만 장애인으로 여기는 생각에서 벗어나야 이들을 진정으로 이해할 수 있습니다.

**상담과 놀이를 통해 치료해요**

ADHD를 근본적으로 치료하려면 뇌신경 전달 물질에 이상이 있거나 부족한 문제를 해결하여 뇌의 기능을 정상화시켜야 합니다. 먼저 사용하는 것이 약물 치료입니다. 약물로 꾸준히 치료하면 뇌 안의 도파민이 균형을 잡아 정상적인 기능을 유지하게 됩니다.

그 밖에도 상담 치료, 행동 치료, 놀이 치료 등을 통해 치료하기도 합니다. 이렇게 여러 방법을 함께 사용하면 빠르게 좋아진다고 합니다. 2002년 미국 국립보건원 발표에 따르면, 약물 치료 14개월

뒤의 치료 성공률이 56%였고, 약물 치료와 행동 치료를 함께 했을 때에는 68%였다고 합니다.

치료의 목적은 주의력과 자기 통제력을 향상시켜 사회생활에서 마땅히 알아야 할 것을 배우게 하고, 건강한 가치관과 인격을 갖게 해서 다른 사람들과 조화롭게 살아가도록 돕는 것입니다. 물론 그러기 위해서는 소아정신과 전문의의 정확한 진단과 기본적인 검사가 필요합니다.

**이런 책이 있어요**
《사고뭉치 우식아 숙제하자》,
고정욱 | 국민서관
《리틀 몬스터》,
로버트 제르겐 | 학지사
《틱장애》,
조수철 | 서울대학교 출판부
《딥스》,
버지니아 엑슬린 | 샘터사

**이런 영화도 있어요**
〈포레스트 검프〉,
로버트 제멕키스 감독 | 1994
〈아이 엠 샘〉,
제시 넬슨 감독 | 2002
〈허브〉, 허인무 감독 | 2007

**지적 장애 관련 사이트**
• ADHD (www.adhd.or.kr)
• 테스피아 (www.tespia.com)

## 세계 각국의 장애인 분류 기준

대부분의 나라는 장애인을 보호하기 위한 법안을 지정해 놓고 있습니다. 어떤 기준으로 장애인을 분류하고 있는지 알아볼까요?

 미국

● 장애인법(1990)
개인의 일상생활 동작 중 한 가지 이상에서 현저히 제한 받는 신체적 또는 정신적 기능 장애를 가진 자, 이러한 기능 장애의 기록이 있는 자, 이러한 기능 장애를 가진 것으로 간주되는 자 등을 장애인으로 분류한다.

● 사회보장법
"의학적으로 판정하여 적어도 1년은 지속될 것으로 판정되는, 또는 사망에 이를 것으로 판정되는 신체적·정신적 손상으로 인하여 실질적 소득 활동에 참여하지 못하는 자"를 장애인으로 분류한다.

 호주

● 장애인차별금지법(1992)
신체적·지적·심리적·정신적·감각적·신경적 장애와 추형·기형 및 질병을 야기하는 유기체의 존재 등을 모두 포함하며, 현재만이 아니라 과거에 존재한 사실이 있거나 미래에 존재할 가능성이 있거나 가진 것으로 인지되는 장애를 가진 자를 장애인으로 분류한다.

 한국

● 장애인복지법(장애와 관련된 모든 법의 기준 역할을 함)
1999년에 개정된 내용으로 "장애인은 신체적·정신적 장애로 인하여 장기간에 걸쳐 일상생활 또는 사회생활에 상당한 제약을 받는 자로서 대통령령이 정하는 장애의 종류 및 기준에 해당하는 자"이다.

우리나라 장애인복지법에서는 장애 종류를 크게 신체적 장애와 정신적 장애로 구분합니다. 신체적 장애는 주요 외부 신체 기능의 장애와 내부 기관의 장애로 구분되며, 정신적 장애는 정신 지체 또는 정신적 질환으로 발생하는 장애를 말합니다.

# 7 발달 장애, 학습 장애

# 서로서로 닮은 아이들

혜민이는 운동장 옆 화단에서 흙을 만지며 놀고 있는 은총이를 보았습니다. 수업이 끝나고 집에 가다가 발견했습니다. 다른 아이들은 은총이에게 아무도 신경 쓰지 않았습니다. 모두들 재잘대며 집을 향해 바삐 가는데, 유독 혜민이만 관심을 보인 것입니다.

'쟤는 왜 혼자서 저러고 있지?'

경기도 양평에 있는 양모초등학교로 혜민이가 전학을 온 지도 벌써 일주일이 지났습니다.

아빠의 건강이 안 좋아져, 공기 좋고 물 맑은 곳에서 살아야 한다는 고모 의견에 따라 이곳 마을로 온 것입니다. 서울의 복잡한 아파트촌에서 살다가 갑자기 시골 학교로 전학을 오게 되어 혜민이는 아직 모든 것이 낯설었습니다. 그래도 하루하루 지내다 보니 이곳에서 새로운 친구들과 어울리는 것도 재미있다는 생각이 조금씩 들었습니다.

그런데 전학 온 첫날부터 은총이는 눈에 띄었습니다. 통통하게 살이 오른 모습에 길게 찢어진 눈. 그 얼굴이 서울에서 본 아이인 민주와 똑 닮았던 것입니다.

"쟤는 장애인이야."

"어려서부터 저랬어."

다른 아이들은 은총이가 장애인이라고 무심히 말했습니다. 그래서인지 날마다 한두 시간씩 특수반에 가서 공부를 하다가, 다시 혜민이네 반으로 돌아오곤 했습니다.

혜민이는 흙을 만지고 있는 은총이에게 말을 걸어 보기로 했습니다. 궁금해서 물어보고 싶은 게 꼭 하나 있었기 때문입니다.

"은총아!"

은총이가 고개를 돌렸습니다. 자기를 보고 있지만, 생각은 다른 데 가 있는 듯한 눈빛이었습니다.

"은총아, 너한테 물어볼 게 있어."

"뭐?"

"너 혹시 서울 사는 민주라고 알아?"

"민주? 민주? 몰라."

은총이는 고개를 절레절레 흔들었습니다. 양 갈래로 땋은 머리의 리본이 말총처럼 흔들렸습니다.

"너하고 똑같이 생겼어. 내가 서울에 있을 때 만난 친군데."

"몰라, 몰라! 민주 몰라!"

혜민이는 서울에서 다녔던 봉상초등학교의 특수반에 있던 민주를 떠올렸습니다. 꼭 닮은 둘은 분명히 친척이거나, 뭔가 관계가 있을 거라고 생각했던 것입니다.

"너랑 똑같이 생겼어. 너희 둘이 자매 아냐?"

"몰라, 몰라."

은총이는 웃으면서 모른다고만 했습니다. 혜민이가 말을 걸어 준 사실만으로도 기분이 좋았던 모양입니다. 분명히 뭔가 관계가 있을 텐데 모른다고만 하니, 혜민이는 갑갑했습니다. 그때, 교문 쪽에서 누군가가 은총이를 불렀습니다.

"은총아, 엄마 왔다!"

빨간색 카디건을 걸친 은총이 엄마였습니다.

"엄마아!"

은총이는 벌떡 일어나더니 엄마를 향해 달려갔습니다. 그러고는 엄마 품에 우람한 몸을 던지다시피 안겼습니다.

"쟤가, 쟤가 내 친구다!"

은총이 엄마는 긴 치마를 입고 긴 머리를 뒤로 묶었습니다. 얼핏 봐도 시골에서 농사짓는 사람 같지 않아 보였습니다.

"아, 안녕하세요?"

"누구니? 못 보던 앤데."

혜민이가 다니는 양모초등학교는 전교생이 마흔 명도 안 되는 아주 작은 학교입니다. 그래서 은총이 엄마는 아이들을 다 알고 있는 것 같았습니다.

"서울에서 전학 왔어요. 혜민이에요."

"어, 그렇구나. 너 혹시 저 웃골마을에 이사 온 아저씨네 딸이니?"

"맞아요."

"그렇구나. 아빠가 건강이 안 좋으시다며?"

"네."

작은 시골 마을이라서 소문이 금세 퍼졌습니다. 오늘 처음 만난 아주머니가 혜민이네 집안 사정을 다 알고 있는 거였습니다.

"우리 은총이하고 잘 놀아 줘서 고맙다."

"그런데 혹시 서울 사는 민주라는 애를 아세요?"

"민주? 모르겠는데."

"제가 서울에서 다니던 학교 다니는 앤데요, 은총이하고 정말 똑같이 생겼어요."

"아……."

은총이 엄마는 무슨 말인지 알았다는 듯 허탈한 미소를 지었습니다.

"무슨 애긴지 알겠다. 민주라는 애가 은총이하고 닮았구나. 그 아이도 장애인이지?"

"네? 네."

"그래, 그래서 그렇구나. 우리 은총이는 다운증후군이야."

"다운증후군이요?"

그게 무엇인지 혜민이는 처음 들어서 알 수가 없었습니다.

어느새 혜민이는 은총이랑 은총이 엄마와 함께 나란히 걸으며 교문을 나서고 있었습니다.

"다운증후군은 다 얼굴들이 비슷해. 그래서 사람들이 흔히 닮았다고 얘기하지."

"그래요? 가족도 아닌데, 어떻게 얼굴이 비슷해요?"

"응, 염색체에 이상이 생겨서 그래."

혜민이는 그게 무슨 말인지 잘 몰랐습니다. 하지만 너무 꼬치꼬치 캐물

을 수는 없었습니다.

"아, 몰랐어요. 그래서 민주하고 닮았던 거로군요."

"응. 그런 얘기 많이 듣는단다. 아무튼 우리 은총이한테 관심 보여 줘서 고맙구나. 혜민이는 참 똘똘하고 예쁘게 생겼구나."

"고맙습니다."

"아빠가 건강이 안 좋으셔서 걱정이 많이 되지?"

은총이 엄마가 염려하는 말을 들으니 혜민이는 마음이 어두워지는 것 같았습니다.

"네. 그런데 공기가 좋아서 곧 회복되실 것 같대요."

"그래, 잘됐구나."

이렇게 걷다 보니, 예쁜 빨간 지붕이 있는 전원주택이 나타났습니다. 나지막한 대문에 '은총이네 집'이라고 팻말이 붙어 있었습니다.

"여기가 우리 집인데, 잠깐 들렀다 갈래?"

"네, 하지만……."

"잠깐 들어왔다 가."

안 그래도 시골에서 학원도 다닐 수 없고, 아빠와 엄마는 새로 이사 온 집을 손보느라 바빴습니다. 지금 가 봐야 별로 할 일도 없던 터라 혜민이는 은총이네 집에 잠시 들르기로 했습니다. 은총이네 집은 마당도 예쁘지만, 집 안은 더욱 아늑했습니다. 거실에는 책장이 가득 들어찼고 칸마다 책들이 잔뜩 꽂혀 있었습니다.

"와, 책 많다!"

"혹시 읽고 싶은 책이 있으면 언제든지 빌려서 봐."

"정말요?"

"그래. 아줌마는 동화 쓰는 사람이거든."

"와! 무슨 동화 쓰셨어요?"

"음……, 이것저것 썼어. 참, 다운증후군에 관해서도 썼지. 볼래?"

은총이 엄마가 보여 준 동화책의 앞날개에는 은총이의 사진이 실려 있었습니다. 제목은 《하늘이 내게 보낸 천사》였습니다.

"선물로 한 권 줄게."

아주머니는 서명까지 해서 주었습니다.

"작가한테 서명 받는 일은 처음이에요. 고맙습니다."

"우리 은총이와 놀아 주고 관심 보여 줬으니, 오히려 내가 고맙지."

은총이 엄마는 맛있는 떡볶이를 해 주며 혜민이와 이야기를 나누었습니다. 은총이는 허겁지겁 떡볶이를 집어 먹느라 혜민이에게는 신경도 안 썼습니다.

"은총아, 친구도 먹어야지."

그 말에 은총이는 씩 웃으며 먹던 떡볶이를 밀어 주었습니다.

"호호호!"

"하하하!"

혜민이와 은총이 엄마는 함께 웃었습니다.

요리 솜씨도 좋은 아주머니는 간식을 다 먹고 난 다음, 다운증후군에 대해 설명을 해주었습니다.

"원래 서양에서는 다운증후군을 몽골리즘이라고 불렀어."

"몽골리즘이오?"

"응. 서양 사람이 볼 때 이런 얼굴이 동양 사람처럼 생겼다고 여긴 모양이야. 그런데 지금은 다른 나라를 업신여기는 표현이라고 해서, 그 말 대신 다운증후군이라고 불러. 나중에 너도 중학교 가면 염색체 이상이라는 게 뭔지 알게 될 거야. 아까도 말했지만, 다운증후군은 염색체에 이상이 있으면 생기는 장애야."

"남에게 옮기는 건 아니에요?"

"호호, 옮기지는 않아. 키가 크거나 못생긴 게 옮지 않는 것과 같은 이치란다. 지능이 좀 떨어지지만, 은총이는 공부도 하고 요리도 배우면서 행복하게 살고 있단다."

씩씩하게 말하면서도 은총이 엄마의 눈가가 약간 촉촉해지는 것을 혜민이는 보았습니다. 혜민이는 갑자기 아빠 생각이 나면서 콧날이 시큰해졌습니다.

"우리 혜민이는 마음씨도 예쁘구나."

혜민이의 슬픈 표정을 본 은총이 엄마가 꼭 안아 주었습니다. 아주머니의 품이 마치 엄마 품 같았습니다.

"나도, 나도!"

옆에 있던 은총이가 달려들어 셋이 부둥켜안았습니다. 세 사람이 꼭 안고 있자, 어느덧 슬펐던 마음이 치유되는 느낌이었습니다. 은총이 엄마가 다정한 목소리로 말했습니다.

"혜민아, 사람은 누구나 고통과 아픔이 있어. 아줌마는 임신했을 때 은총이에게 이상이 있을 수 있다는 말을 들었어. 처음엔 눈앞이 캄캄했지만, 곧 하늘이 주신 선물이라고 생각했단다."

아주머니는 엄마보다 열 살 정도 나이가 많아 보였습니다.

"더 늦으면 아이도 가질 수 없는데, 이렇게 귀한 딸이 왔으니 얼마나 고맙니. 그래서 이름도 은총이라고 지은 거야."

혜민이는 아주머니를 보며 고개를 끄덕였습니다.

"다행히 학교 아이들이 우리 은총이와 친구가 되어 줘서 참 고맙단다. 참, 혜민이는 나중에 커서 무엇이 되고 싶어?"

"저는 아빠 병을 고쳐 주는 의사가 되고 싶어요."

"그래, 좋은 생각이야. 나는 우리 은총이가 나중에 청소 일꾼이나 커피 바리스타 같은 직업을 갖게 되면 소원이 없겠어."

"바리스타요?"

"응, 커피 만드는 사람이야."

"은총이가 그걸 할 수 있을까요?"

"그런 일 하는 걸 우리 은총이가 좋아해."

그러자 은총이가 옆에서 말했습니다.

"나도 요리 잘해! 요리 잘해!"

"하하핫!"

은총이 엄마가 웃었습니다. 혜민이도 싱긋 웃었습니다.

은총이 엄마는 그런 혜민이에게 말했습니다.

"혜민아, 앞으로 우리 집에 자주 놀러 와."

"네, 아줌마."

"아빠가 아프시다니, 나도 기도해 줄게."

"고맙습니다."

은총이네 집에서 책 한 권을 선물로 받고, 집에 가서 읽을 동화책 몇 권을 더 빌려 나오는 혜민이의 발걸음은 가벼웠습니다. 집에 가자마자 가장 먼저 할 일이 떠올랐습니다. 다운증후군에 대해 공부하여 은총이에 대해 좀 더 알아 보는 것입니다.

발걸음을 멈추고 뒤를 돌아보자, 마당에 나온 은총이 엄마와 은총이가 혜민이가 가는 걸 지켜보고 있었습니다.

"안녕, 내일 또 봐, 은총아!"

"안녀엉, 혜민아~!"

은총이가 두 손을 흔들며 펄쩍펄쩍 뛰었습니다. 은총이 엄마도 손을 흔들어 주었습니다. 혜민이는 어쩐지 이곳에서 새로운 친구를 사귀고 좋은 아주머니를 만난 것이 큰 행운인 것만 같았습니다.

## 발달 장애, 학습 장애

발달 장애는 정신이나 신체의 성장이 나이만큼 발달하지 않은 상태를 말합니다. 일반적으로 지적 장애, 뇌성마비, 자폐증, 유전 장애, 염색체 장애, 다운증후군, 전반적 발달 장애 등으로 분류합니다. 발달 장애가 있으면 언어를 이해하고 사용하는 데 어려움을 겪으며, 어떤 사물에 특이하게 집착하고, 작은 변화에도 어려움을 겪습니다. 또한 반복적인 행동을 하고, 책 읽기를 힘들어 하며, 게임처럼 반복되는 것을 좋아하기도 합니다.

학습 장애는 장애인복지법에서는 다루지 않습니다. 학습 장애는 듣기, 말하기, 주의 집중, 지각, 기억, 문제 해결 등의 학습 능력이나 읽기, 쓰기, 계산하기 같은 학업 영역에서 현저하게 어려움이 있는 경우입니다. 학습 장애가 있으면 특별한 부분에 어려움을 느낍니다. 예를 들면, 국어 시간에 책을 잘 못 읽거나 수학 시간에 쉬운 문제를 못 풀기도 합니다. 초등학교 입학생 가운데 5% 정도가 이런 경우지만, 일찍 발견하면 60%는 치료가 가능합니다. 따라서 적절한 치료와 바른 교육을 받게 하는 것이 중요합니다.

### 다운증후군은 왜 생기는 걸까요?

영국의 의사 존 랭 다운 박사 이름에 따라 지어진 명칭입니다. 원래는 용모가 몽골 사람같다고 몽골리즘이라고 했지만, 인종 차별의 의미가 있어서 지금은 다운증후군이라 부릅니다.

사람의 특성은 유전자로 결정됩니다. 한 사람이 탄생하려면 아빠에게서 23개의 유전자, 엄마에게서 23개의 유전자를 받습니다. 합이 46개이지요. 그런데 알 수 없는 원인으로 21번 염색체가 하나 더 생기게 되면 다운증후군이 됩니다. 이것은 유전이 아니라, 유전자가 세포 분열할 때 발생한 착오라서 누구의 탓도 아닙니다.

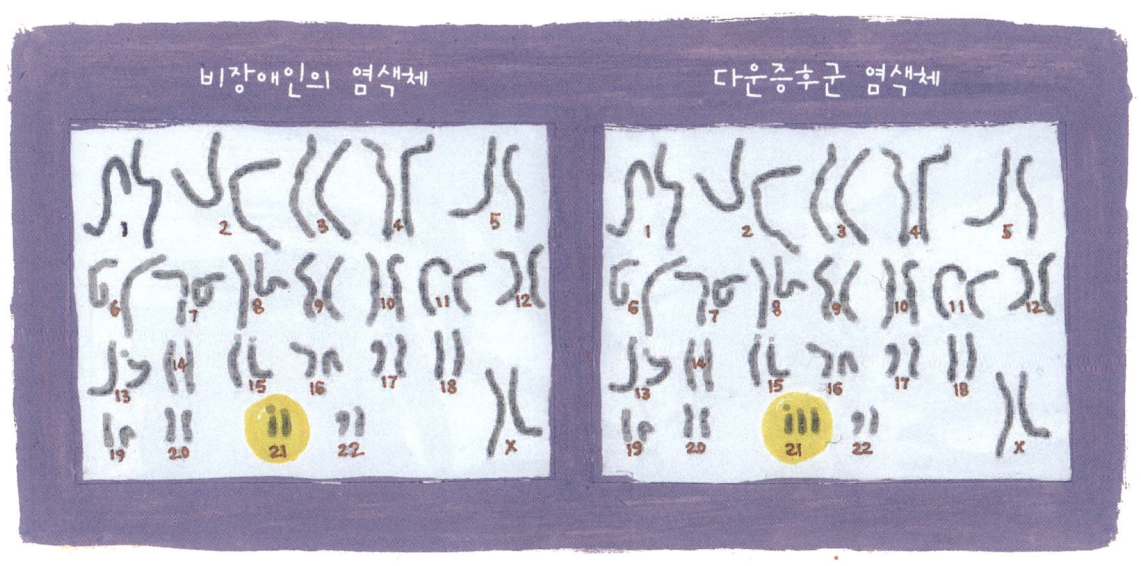

### 닮은 얼굴이 너무 많아요

다운증후군 아이들은 나이나 국적에 관계없이 생김새가 비슷합니다. 대개 눈꼬리가 좀 올라가 있습니다. 인상이 순해 보이지 않는다고 생각하는 사람들이 있지만, 자꾸 보면 장난꾸러기 같고 천진난만해 보입니다. 따라서 사람은 누구나 겉모습만 보고 판단해선 곤란합니다.

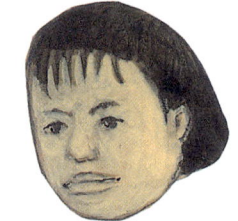

### 느리지만 성격이 순해요

다운증후군 아이들은 뇌세포에 손상을 입은 경우가 많아 지적 장애도 함께 가지고 있습니다. 따라서 비슷한 나이의 아이들보다 발달이 늦어 사물을 인지하는 능력이나 언어 표현, 손동작, 몸동작이 느리고 어렵습니다. 그러나 대부분 성격이 순합니다.

 ## 다운증후군은 이렇게 배려해요

문제 행동을 일으킬 때에는 무심히 놔두는 것이 좋습니다. 자꾸 말리거나 관심을 기울이면 재미를 붙여서 그런 행동이 더 잦아지고 심해집니다.

태어날 때 심장에 문제를 가지고 있는 아이들도 40% 정도나 되기 때문에 주위에서 윽박지른다거나 큰 소리로 야단치면 놀라고 위축되니 부드럽게 대해야 합니다.

다른 장애인과 얼굴이 비슷하다고 말하지 않는 게 예의입니다. 아기 낳기 전에 기형아 검사를 왜 안 했냐는 등의 질문을 하면 상처가 될 수 있습니다.

아이가 무슨 놀이를 좋아하느냐, 무엇을 잘 먹느냐는 등의 일상적인 질문을 하는 것이 부모의 마음을 편안하게 해 줍니다.

## 남우 주연상을 수상한 배우, 파스칼 뒤켄

비장애인도 받기 힘들다는 세계 최고의 영화제에서 상을 받은 장애인이 있습니다. 더군다나 다운증후군 장애인이어서 우리를 더욱 놀라게 합니다. 파스칼 뒤켄은 벨기에 영화 〈제8요일〉에서 뛰어난 연기로 제49회 칸 영화제 남우 주연상을 받았습니다.

이 밖에도 장애를 가진 배우가 놀라운 연기력을 보이거나 상을 받은 경우는 많습니다. 청각 장애를 가진 미국 여배우 말리 매틀린은 〈작은 신의 아이들〉로 제59회 아카데미 여우 주연상을 받았습니다. 또 2004년 영국아카데미상을 받은 폴라 세이지와, 최근에 제57회 산세바스티안 국제영화제에서 남우 주연상을 받은 파블로 피네다도 다운증후군 장애인입니다.

 **다운증후군도 직업을 가질 수 있나요?**

다운증후군은 발달이 늦긴 하지만, 하나씩 천천히 가르치면 자기만의 능력을 발휘할 수도 있습니다.

따라서 다른 아이들과 비교하며 초조해하지 말고 꾸준히 지도하면 단순한 기능직 일거리를 갖는 것이 가능합니다. 앞의 동화에서처럼, 바리스타를 꿈꾸며 직업 훈련을 받는 사람도 많습니다.

 **다운증후군도 운동을 할 수 있나요?**

다운증후군은 선천성 심장병과 감염증을 주의해야 합니다. 50% 정도는 50세 이상까지 사는데, 몸이 일찍 늙어 노화가 빨리 오기 때문에 늘 건강에 유의해야 합니다. 따라서 격하지 않고 몸무게 조절에 도움이 되는 운동을 하는 것이 좋습니다.

**이런 책이 있어요**
《우리 형》, 이수배 지음 | 산하
《우리 누나》, 오카 슈조 지음 | 웅진주니어
《나의 마음을 들어줘》, 샤론 드레이퍼 지음 | 개암나무

**이런 영화도 있어요**
〈제 8요일〉, 자코 반 도마엘 감독 | 1996
〈사랑해 말순씨〉, 박흥식 감독 | 2005

## 장애인을 어떻게 부르고 있나요?

사람은 어떻게 불러 주느냐가 중요합니다. 같은 사람도 이름을 부르는 것과, 함부로 "야!"라고 부르는 것은 분명 다릅니다. 김춘수 시인은 〈꽃〉이라는 시에서 이렇게 노래했습니다.

내가 그의 이름을 불러 주기 전에는

그는 다만

하나의 몸짓에 지나지 않았다


내가 그의 이름을 불러 주었을 때

그는 내게로 와

꽃이 되었다


내가 그의 이름을 불러 준 것처럼

나의 이 빛깔과 향기에 알맞는

누가 나의 이름을 불러다오

그에게로 가서 나도 그의 꽃이 되고 싶다

우리들은 모두
무엇이 되고 싶다
나는 너에게 너는 나에게
잊혀지지 않는 하나의 눈짓이 되고 싶다.

    장애인을 바르게 부르는 것도 무척 중요한 문제입니다. 과거처럼 장애인을 차별하고 편견이 담긴 눈길로 보던 시절의 명칭을 쓰면 안 됩니다.

**나쁜 명칭**: 병신, 벙어리, 귀머거리, 정박아, 바보, 난쟁이, 절름발이, 소경 등.

**좋은 명칭**: 장애인, 언어 장애인, 청각 장애인, 지적 장애인, 저신장 장애인, 지체 장애인, 시각 장애인 등.

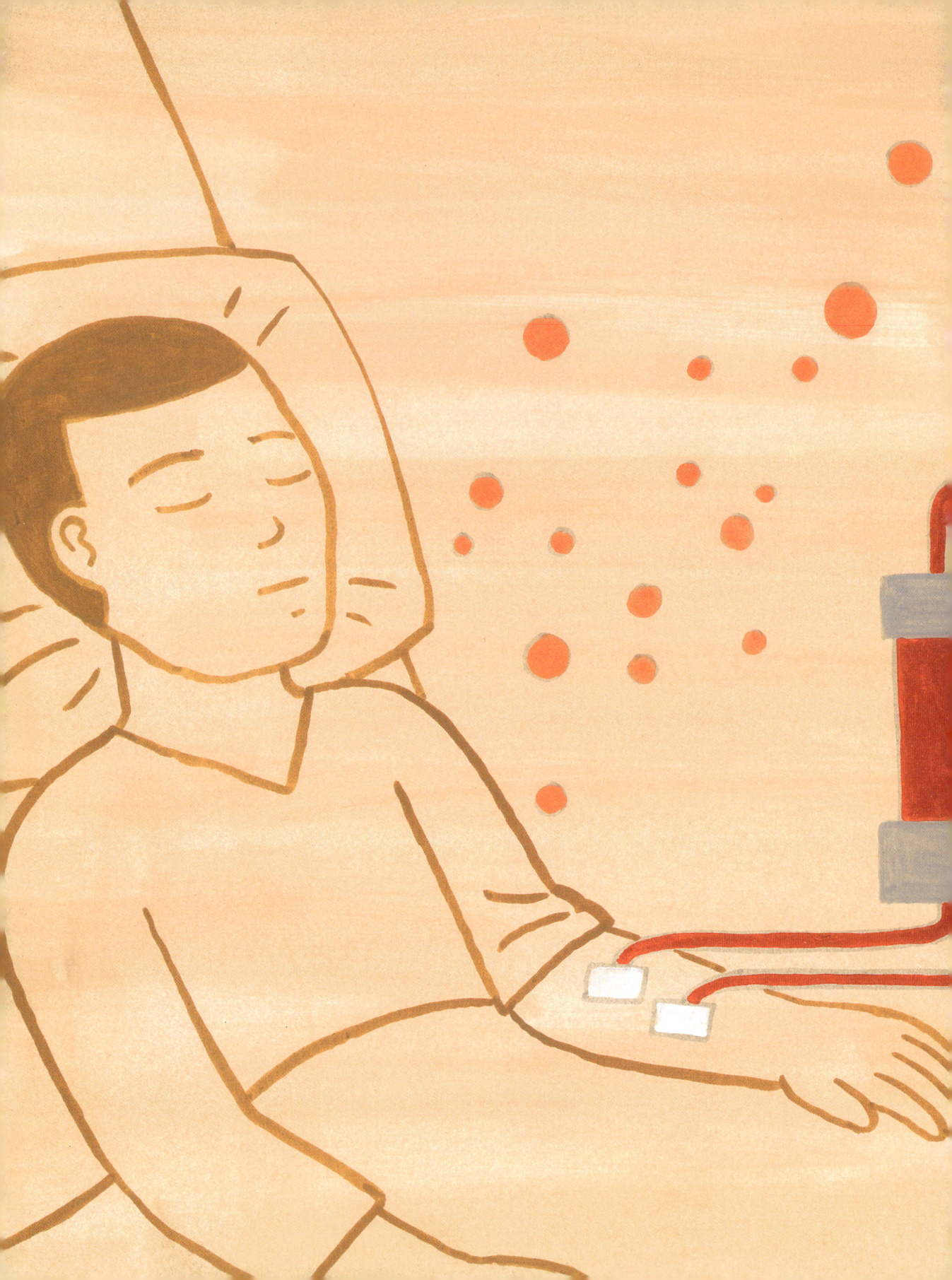

8 신장 장애

# 혁진이네 휴가

여름이 되었습니다. 혁진이네 아파트 윗집, 아랫집, 옆집 사람들 모두가 휴가를 갔습니다. 주차장도 텅텅 비었습니다. 방학을 했지만, 집에만 있으려니 혁진이는 영 심심하고 갑갑했습니다.

"아빠, 우린 피서 안 가요?"

집에 누워 있던 아빠에게 혁진이가 볼멘소리를 했습니다.

"피서 가고 싶어?"

피곤하다는 듯 돌아 누우며 아빠가 물었습니다.

"모두 다 놀러 간단 말예요. 우리도 바닷가에 가요."

"엄마 오시면 의논해 보자꾸나."

아빠의 까만 얼굴이 그날 따라 측은해 보였습니다. 저녁때 엄마가 돌아오자 아빠가 말했습니다.

"여보, 혁진이가 피서 가고 싶다는데?"

"당신 투석은 어떡하고?"

"투석할 수 있는 병원이 있는 곳으로 가면 되지 않겠어?"

"피곤하지 않겠어?"

"괜찮아. 혁진이가 저렇게 여행을 가고 싶다는데, 우리 한번 모험을 해 보지, 뭐."

"그럼 좋긴 하지만, 당신 건강에 문제가 생길까 봐 그러지."

혁진이 아빠는 신장 장애인입니다. 당뇨병이 심해져서 콩팥이라고도 부르는 신장이 망가졌습니다. 그래서 온몸에 있는 피를 깨끗이 거르지 못하게 되었습니다.

복막투석을 하던 아빠는 시간이 흐르자 결국 혈액투석을 하기 시작했습니다. 신장에서 노폐물을 걸러 주지 못하기 때문에, 기계에서 혈액을 뽑아내 깨끗이 거른 뒤 다시 몸에 넣어 주는 것입니다. 신장 장애인들은 몇 시간씩 병원에 가만히 누워서 피를 걸러야 합니다. 이틀에 한 번씩 이렇게 피를 거르지 않으면 혁진이 아빠는 생명이 위험해집니다.

"내가 찾아볼게."

아빠가 컴퓨터를 켜고 여기저기를 찾아보았습니다. 눈도 많이 나빠져 잘 보이지 않지만, 아들인 혁진이를 위해서 애쓰는 것입니다.

"여보, 강릉에 병원이 있어."

"정말?"

"그래. 내일 투석 하고 출발해서 모레 하루 동안 놀고, 그 다음 날 투석 하고 다시 서울로 오면 되겠어."

그래서 혁진이네는 정말 오랜만에 피서를 가게 되었습니다. 다음 날, 아빠는 아침부터 부랴부랴 병원에 가서 투석을 했습니다. 투석을 하고 나오면 몸도 개운해지고 활기가 넘칩니다.

집에 오자마자 혁진이네 가족은 준비를 하고 떠났습니다. 운전은 엄마가 하고, 혁진이는 뒤에 앉았습니다.

"야, 신난다!"

길에서 차가 막혀도 즐거웠습니다.

이튿날, 바닷가에서 혁진이는 신나게 놀았습니다. 바닷물에 들어가 수영도 하고, 엄마와 함께 모래찜질도 했습니다.

하지만 아빠는 무리하면 안 되기에 파라솔 아래에 누워 가족들이 노는 것을 바라만 보았습니다. 신장 장애를 가지게 되면 꼬박꼬박 병원에 가야 하고, 평생 동안 진료를 받아야 합니다. 그래서 취업을 하기도 어렵고, 멀리 여행을 갈 수도 없습니다. 겉으로 보기에는 멀쩡하지만, 신장이 망가진다는 것은 이렇게 어려움이 많은 장애인 것입니다.

오후가 되자 아빠는 서서히 피로해졌습니다. 평상시보다 많은 활동을 했기 때문입니다.

"여보, 괜찮아?"

"응, 괜찮아. 그런데 병원에 가서 투석을 한 번 더 해야 할 것 같아."

가족들은 강릉에 있는 내과병원을 찾아갔습니다. 투석을 하기로 예약해 놓은 병원이었습니다. 투석기에 혈관을 연결하자, 피가 빠져 나와 걸러지기 시작했습니다.

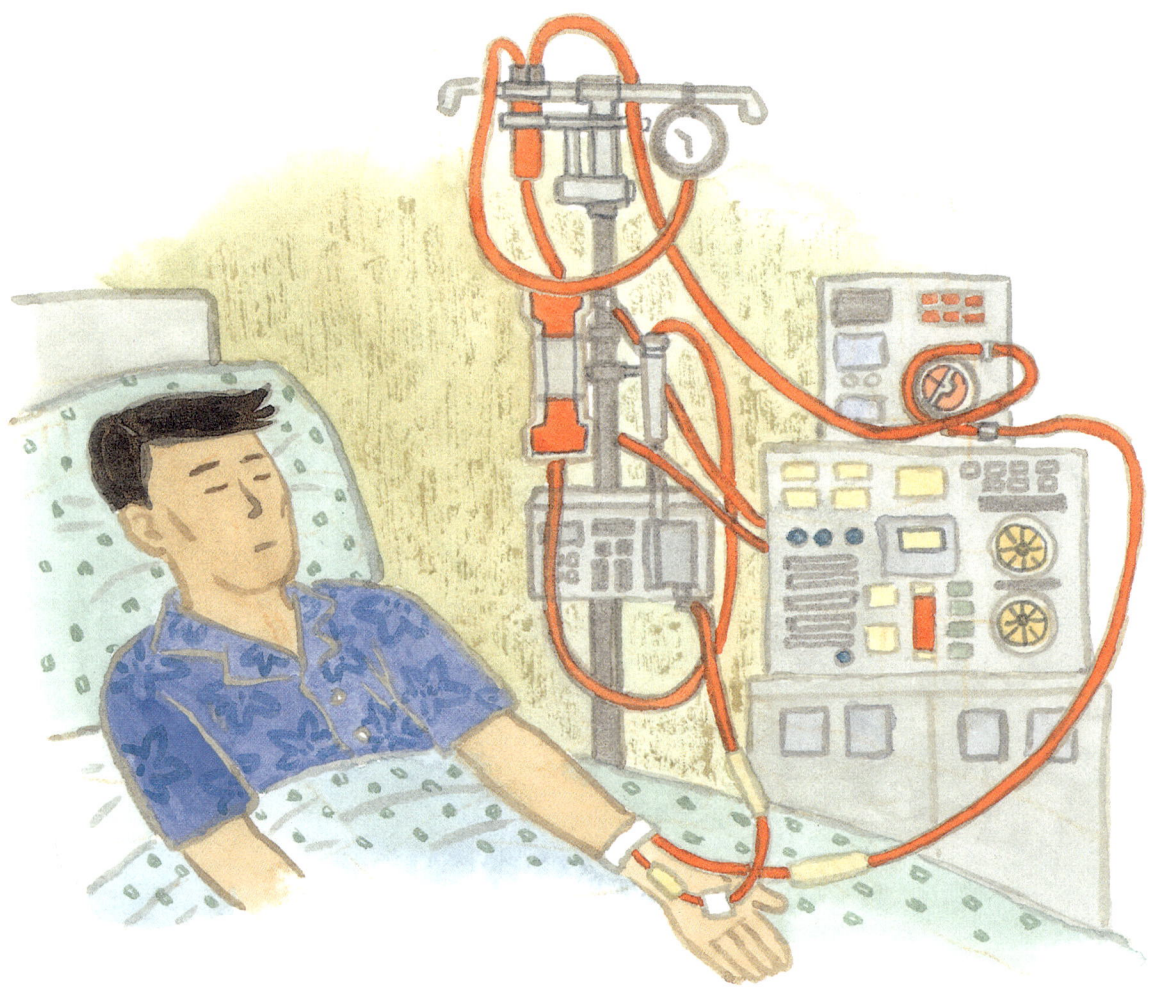

밖에서 기다리는 엄마와 혁진이는 맥이 빠졌습니다. 놀러 와서도 힘들게 투석을 해야 하는 아빠가 너무 안쓰러웠기 때문입니다.

"혁진아, 우린 나가서 밥 먹고 오자."

"네, 엄마."

다른 가족들은 모두 바닷가에 있는 횟집에서 회도 먹고 즐겁게 시간을 보내는데, 혁진이는 엄마와 함께 병원 옆에 있는 식당에 가서 냉면을 먹었습니다.

"엄마, 아빠는 언제까지 투석을 받아야 하는 거야?"

"살아 계실 동안에는 계속. 하지만 신장을 이식 받으면 되긴 해."

"신장 이식이 뭔데?"

"사람은 몸속에 피를 걸러 주는 신장이 두 개 있는데, 둘 중 하나는 남에게 떼어 줄 수가 있어. 하나만 가지고도 충분히 활동할 수 있거든."

"그러면 엄마 걸 주면 되잖아?"

"엄마 신장은 아빠랑 안 맞아."

"정말? 그럼 내 거는?"

엄마는 잠시 말을 멈췄습니다. 어쩌면 나중에 그런 일이 벌어질지도 모른다는 생각에 두려웠던 것입니다.

"혁진아, 너는 아직 어리잖아."

"그래도 두 개 중에 하나를 줄 수 있다면서?"

"그래. 말만이라도 고맙다."

엄마는 눈물을 흘렸습니다. 밥을 다 먹고 혁진이와 엄마가 병원으로 들어갈 때였습니다. 엄마가 가지고 있던 아빠의 핸드폰이 울렸습니다.

"아, 김태수 씨 핸드폰 아닌가요?"

"네, 지금 투석 중인데요."

"어디세요?"

"강릉이에요. 피서 왔거든요."

"아, 그러세요? 빨리 서울로 오셔야겠습니다. 지금 제주도에서 뇌사자 신장이 김태수 씨 신장과 맞는다는 결과가 나왔어요."

"네? 그, 그게 정말이에요?"

"네. 지금 헬리콥터로 신장이 오고 있으니까, 빨리 오세요. 시간이 없습니다."

"아, 알았습니다."

엄마의 목소리가 떨리고 있었습니다.

신장 이식을 받게 되다니, 몇 년 동안 꿈꾸고 기다리던 일이 드디어 이루어진 것입니다.

"여보, 여보!"

병원에 들어가자 마침 아빠는 투석을 다 마쳐 가고 있었습니다.

"지금 당장 서울로 가야 돼."

"왜? 무슨 일이야?"

잠에서 깨어난 아빠가 물었습니다.

"당신에게 이식할 신장이 나타났대. 지금 빨리 병원으로 와야 된대."

엄마는 어쩌면 좋을지 몰라 당황했습니다.

"무얼 도와 드릴까요?"

의사 선생님이 다가와 물었습니다. 엄마는 어떻게 된 사정인지 이야기했습니다.

"그럼 서둘러 서울 병원으로 가셔야죠. 저희가 구급차를 내드릴게요."

"우리도 차를 가져왔는데요."

"차는 병원 주차장에 세워 두세요. 구급차로 가는 게 훨씬 빨라요. 지금 휴가철이라 차가 막힙니다."

의사 선생님 말씀이 맞았습니다. 한시라도 빨리 가야 하기 때문입니다. 그래서 아빠와 엄마, 그리고 혁진이는 병원에서 내준 구급차에 타고 나는 듯 달렸습니다.

아빠는 흥분된 마음에 아무 말도 하지 못했습니다. 구급차는 삐뽀삐뽀 소리를 내며 고속도로를 가득 메운 차들 사이를 헤치고 나갔습니다.

"엄마, 그럼 아빠가 이제부터 투석 안 받아도 되는 거야?"

"응, 그래."

감격한 엄마의 목소리를 듣고 혁진이는 두 손 모아 기도를 했습니다.

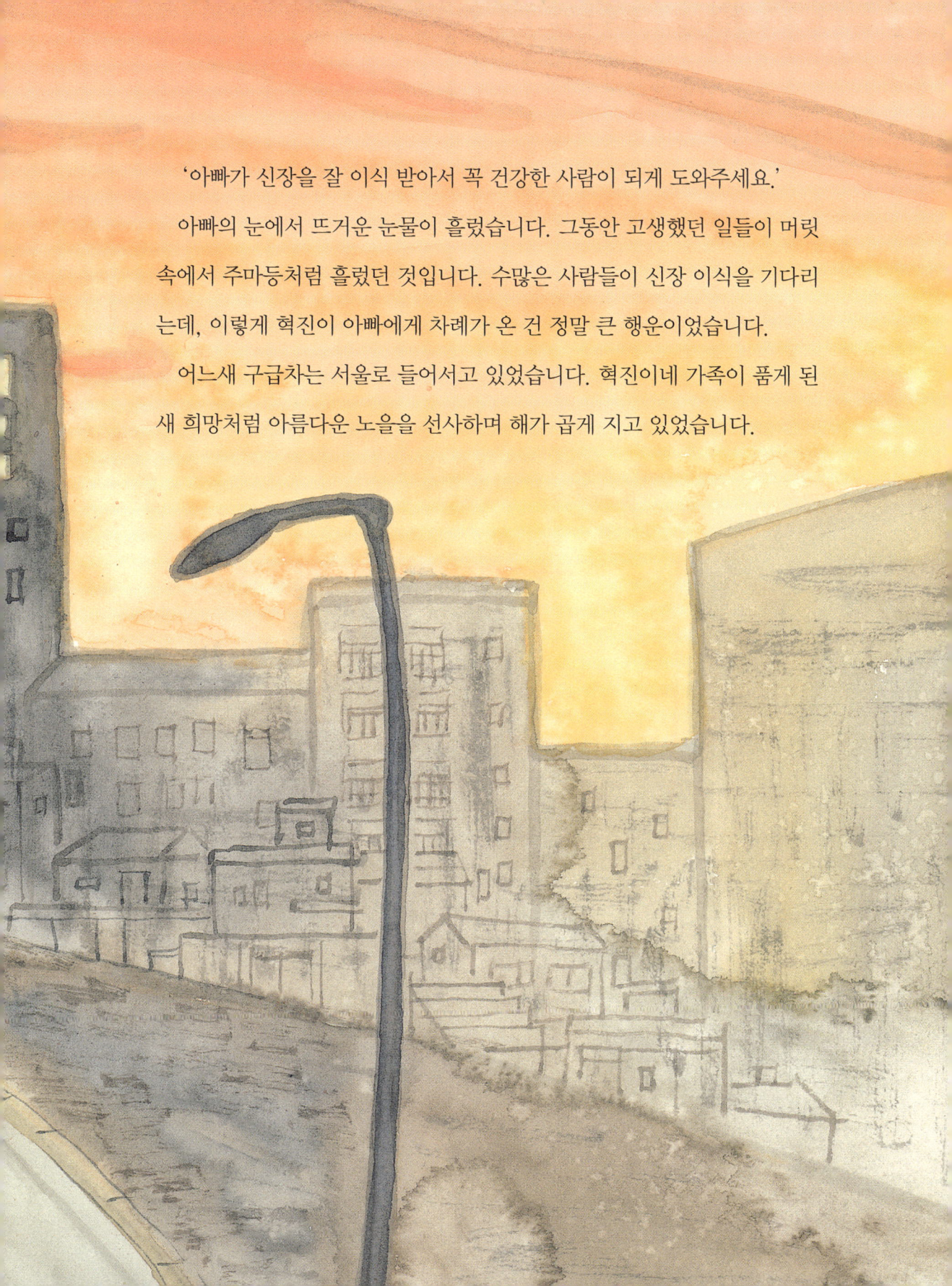

'아빠가 신장을 잘 이식 받아서 꼭 건강한 사람이 되게 도와주세요.'
아빠의 눈에서 뜨거운 눈물이 흘렀습니다. 그동안 고생했던 일들이 머릿속에서 주마등처럼 흘렀던 것입니다. 수많은 사람들이 신장 이식을 기다리는데, 이렇게 혁진이 아빠에게 차례가 온 건 정말 큰 행운이었습니다.
어느새 구급차는 서울로 들어서고 있었습니다. 혁진이네 가족이 품게 된 새 희망처럼 아름다운 노을을 선사하며 해가 곱게 지고 있었습니다.

# 신장 장애

장애인복지법에서는 신장 장애인을 만성신부전증 때문에 1개월 이상 혈액투석이나 복막투석을 받고 있는 사람과, 신장을 이식 받은 사람으로 정의하고 있습니다. 신부전이란 신장 기능이 고도의 장애를 일으켜, 신체의 내부 환경을 정상적으로 유지하기 어렵게 된 상태를 말합니다. 신기능부전이라고도 합니다.

 ## 많은 일을 하는 중요한 기관, 신장

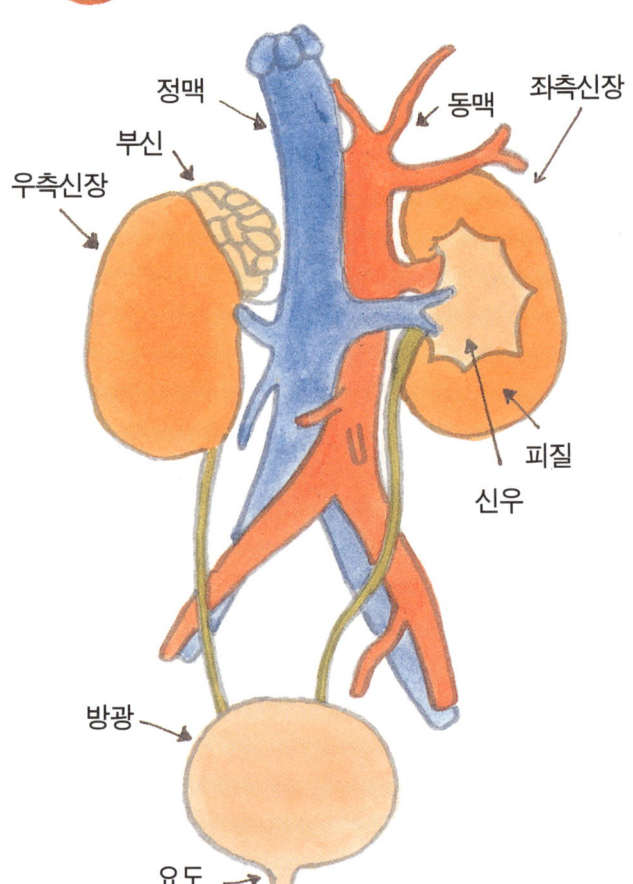

신장은 콩팥으로 불리기도 하는 인체의 기관입니다. 길이가 약 10cm 정도 되며 횡격막 아래, 복막 뒤에 있습니다. 우리 윗배의 등 쪽에 있다고 생각하면 됩니다.

신장은 미세한 혈관으로 이루어져 있어서 손상되기 쉽습니다. 흔히 고혈압이 심하면 신장의 미세한 혈관들이 압력을 못 이겨 손상되곤 합니다. 신장이 손상되면 우리 몸의 노폐물과 독소를 거를 수 없기 때문에 심각한 문제가 됩니다. 이걸 막기 위해 하는 것이 투석인 셈입니다.

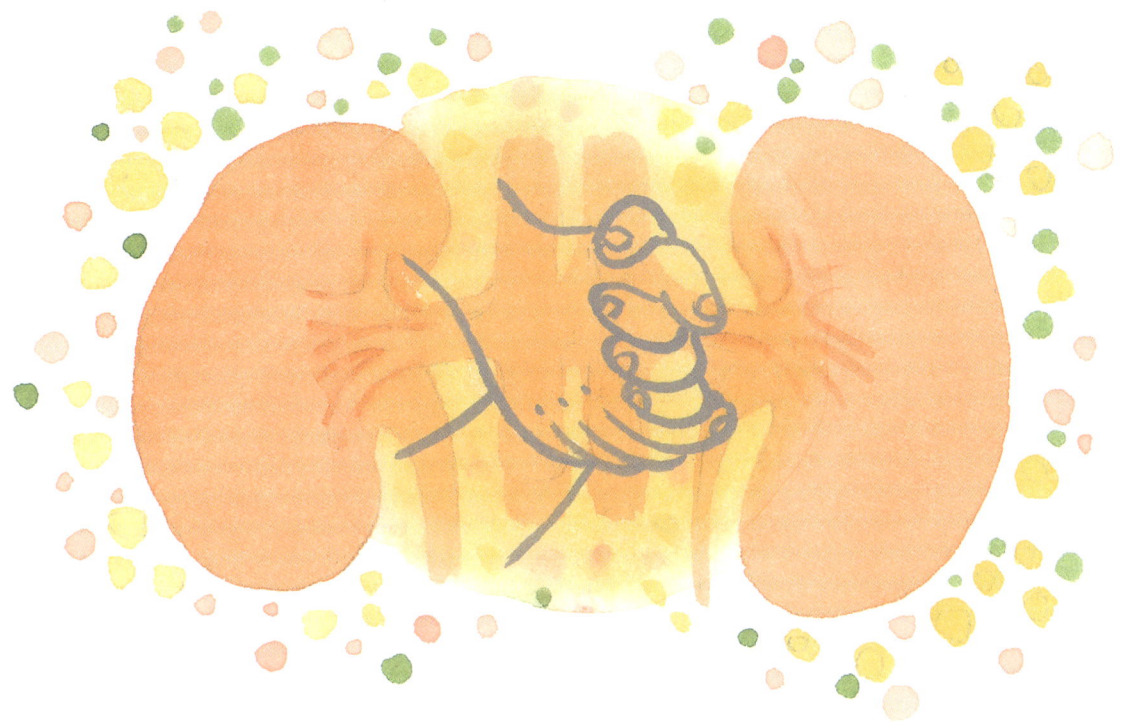

### 내 장기가 다른 사람의 몸속으로?

장기 기증은 기증자가 살아 있을 때 하는 경우도 있고, 이 세상을 떠날 때 하는 경우도 있습니다. 꺼져 가는 생명을 위해 나의 장기를 대가 없이 주는 것은 소중한 일입니다. 생명을 나누는 고귀한 행동이니까요. 우리나라에서도 '사랑의장기기증운동'이 벌어지고 있으며, 그 가운데 신장

이식이 가장 대표적입니다.

신장은 뇌가 손상되어 사망한 뇌사자나 심장이 멈춘 심장 사망자에게서 기증을 받는 경우도 있지만, 살아 있는 사람이 두 개인 콩팥 가운데 하나를 기증하는 경우도 있습니다. 이렇게 신장 하나를 기증해도 생활에 지장이 없으며 회복도 빠릅니다.

### 때마다 피를 갈아야 한다고?

혈액투석은 일주일에 2, 3회씩 오랜 시간에 걸쳐 이루어집니다. 그런데 비싼 의료비 때문에 지속적으로 치료를 받지 못하는 사람도 많습니다. 하지만 신장 장애인으로 판정을 받으면 치료비 혜택을 받을 수 있습니다. 신장 장애인들은 혈액투석이 생명을 유지시키는 방법이라는 점을 잘 새겨서 포기하지 않고 자신감을 갖는 것이 중요합니다. 치료를 꾸준히 하고 생활 습관을 향상시키면 얼마든지 질 높은 삶을 꾸려갈 수 있으므로, 가족이나 주위 사람들이 관심을 가지고 배려해 주어야 합니다.

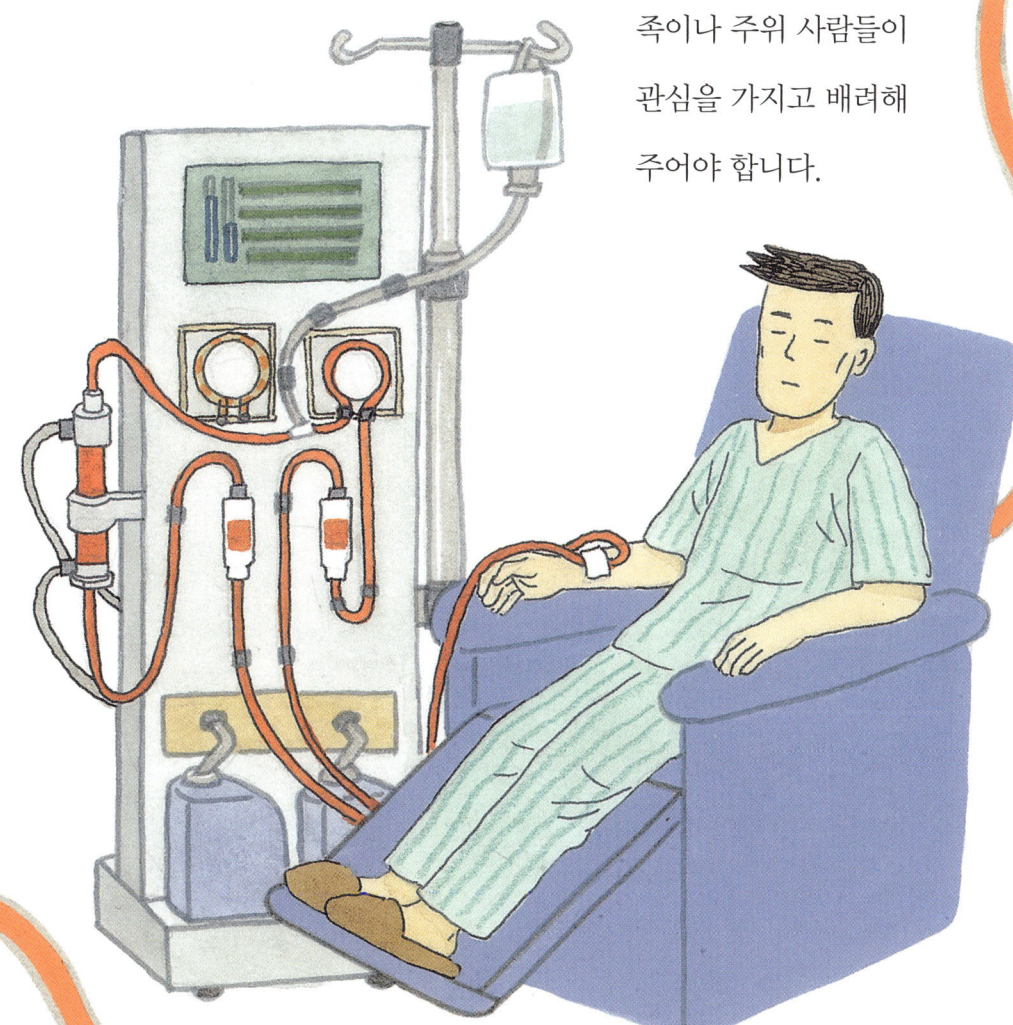

## 신장 장애인은 일과 운동이 가능한가요?

정기적인 투석을 해야 하기에 일반인들이 다니는 직장 생활은 곤란할 수 있습니다.

하지만 투석만 계획적으로 한다면 신체 기능은 정상이므로 많은 일을 할 수 있습니다.

개인 사업이나, 시간 조절이 스스로 가능한 직업이라면 무엇이든 괜찮습니다.

얼마 전에는 서울시 공무원 채용에 합격한 신장 장애인도 있었습니다.

과거에는 신장 장애인이 과도한 활동을 하면 좋지 않다고 생각했습니다. 하지만 지금은 운동을 하는 신장 장애인이 더 건강하다는 사실이 알려졌습니다.

신장 장애인들은 걷기, 수영, 자전거 타기, 에어로빅 등의 운동을 합니다.

하지만 투석 계획이 바뀌거나 약을 바꿨을 때, 식사를 많이 했을 때에는 운동을 중지하는 것이 좋습니다.

### 이런 영화도 있어요
〈세븐 파운즈〉, 가브리엘 무치노 감독 | 2008
〈굿모닝 프레지던트〉, 장진 감독 | 2009
〈마이 시스터즈 키퍼〉, 닉 카사베츠 감독 | 2009

### 신장 장애와 관련된 단체
사랑의장기기증운동본부 (www.donor.or.kr)

# 9 심장 장애

# 마음껏 뛰놀고 싶어요

"얘들아, 이번 체육 시간에는 줄넘기할 테니까, 운동장으로 모여."
담임선생님 말씀에 아이들은 사물함에서 줄넘기를 꺼내어 신나게 운동장으로 나갔습니다.

그런데 뒤에서 천천히 따라가는 아이가 하나 있었습니다. 해란이입니다. 깡마른 몸에 핏기 하나 없는 창백한 얼굴에서 얼핏 봐도 몸이 안 좋다는 것을 알 수 있습니다.

"해란아, 천천히 나와라."

　차양이 넓은 모자를 쓴 선생님은 말했습니다.

　"네, 선생님."

　해란이는 천천히 걸어서 운동장으로 나갔습니다. 이미 다른 아이들은 선생님 앞에서 줄넘기를 시작하고 있었습니다.

　"탁, 탁, 탁, 탁!"

　줄넘기에 흙먼지가 날려도 아이들은 신이 납니다. 금세 얼굴엔 땀이 흐르고 숨이 가빠졌습니다.

　아이들이 지친 기색을 보이자, 선생님이 말했습니다.

　"자, 잠시 쉬었다가 하자. 호흡 조절을 해야지."

　친구인 은지가 땀에 젖은 얼굴로 운동장 옆 벤치에 앉아 구경만 하는 해란이에게 다가왔습니다.

　"해란아, 너는 줄넘기하면 안 되지?"

　"응."

해란이는 심장 장애아입니다. 어려서부터 심장에 이상이 있어 피가 잘 돌지 않는다고 의사 선생님이 말했습니다.

"심장이 안 좋아서 그런 거야?"

"응."

"그럼 며칠 전에 쓰러진 것도?"

"맞아. 갑자기 심장이 이상하게 뛰었거든."

지난 화요일, 해란이는 교실에서 기절을 했습니다. 호흡을 제대로 하지 못한 것입니다. 선생님이 황급히 보건 선생님을 불러 응급조치를 해 주어, 해란이는 겨우 정신을 차릴 수 있었습니다.

"줄넘기 한 번도 못 해 봤지?"

안쓰러운 표정으로 은지가 물었습니다.

"응. 의사 선생님이 과격한 운동을 하면 큰일 난댔어."

해란이의 대답에 은지는 줄넘기를 마음껏 할 수 있는 게 얼마나 큰 기쁨이고 행복인지 생각했습니다.

"심장이 나쁘면 왜 건강이 안 좋은 거야?"

"심장은 우리의 피를 돌게 하는 곳이잖아."

"응, 그런데?"

"내 심장은 피를 많이 못 돌린대. 그러면 몸에서 필요로 하는 산소나 영양소를 잘 못 보내 주잖아."

"……."

"그래서 온몸이 피곤한 거야. 피가 잘 돌아서 영양분과 산소를 온몸에 고루 보내 줘야 건강한 건데."

여기까지 말을 한 해란이는 잠시 멈췄습니다. 말을 몇 마디 했다고 또 숨이 찼기 때문입니다.

"그래, 나중에 또 얘기하자. 줄넘기하고 올게."

은지는 선생님 쪽으로 뛰어가서 다시 줄넘기를 했습니다. 줄넘기하는 아이들을 보면서 해란이는 새삼스레 부러운 생각이 들었습니다.

체육이 끝나고 급식 시간이 되었습니다. 아이들은 씻고 교실로 들어와 맛있게 급식을 먹었습니다. 하지만 해란이는 음식도 편하게 못 먹습니다. 짠 음식을 피해야 하기 때문에 싱겁게 먹습니다. 소금을 먹으면 혈압이 높아지고 심장에 무리가 가기 때문입니다.

식사를 마치고 나서 해란이는 30분 정도 기다렸다가 심장약을 먹었습니다. 이렇게 약을 챙겨 먹으면서 심장에 무리가 가지 않도록 해야 합니다.

학교 수업을 마친 뒤 해란이는 집으로 천천히 걸어왔습니다. 수술을 받으면 조금 좋아진다고도 하지만, 결과는 아무도 알지 못합니다. 의사 선생님은 말했습니다.

"해란아, 나중에 커서 심장 이식을 받을 수도 있어. 그러니까 너무 걱정하지 말아라."

"네."

해란이에게 가장 큰 희망은 어른이 된 뒤 심장 이식을 받는 것입니다. 건강한 심장을 이식 받아 활기찬 생활을 하고 싶습니다. 하지만 그때까지는 이렇게 지내야 합니다. 조금만 무리해도 피곤함을 느끼기 때문에 언제나 조심해야 합니다.

혈액 순환이 잘 안 되기 때문에 다리나 팔도 자주 붓습니다. 꼭꼭 주물러 주고 혈액 순환이 잘 되도록 신경 쓰지만, 심장이 뛰지 못하기 때문에 별 소용이 없습니다. 가끔씩은 어지러워서 머리가 핑 돕니다. 오늘도 집에 오는 길에 갑자기 현기증을 느껴, 잠시 길가에 쪼그리고 앉아 숨을 골랐습니다. 그때, 저만치에서 엄마가 왔습니다.

"해란아, 괜찮니?"

해란이가 집에 올 때쯤이면 엄마가 마중을 나오곤 합니다.

"응, 엄마."

"가방 이리 줘."

가방을 받아서 어깨에 건 엄마는 해란이의 손을 잡고 집으로 옵니다.

"오늘도 공부 열심히 했어?"

"응."

엄마는 심장이 약한 해란이가 늘 마음에 걸립니다. 의사 선생님 말씀에 따르면, 심장이 약하면 나중엔 간이나 신장 같은 장기에도 이상이 오면서 건강이 심하게 나빠진다고 했습니다. 그러니 건강을 잘 지키다가, 어른이 되면 이식을 받는 게 최선이라는 것입니다.

방에서 안정을 취하고 있다가 해란이가 엄마에게 말했습니다.

"엄마."

"응?"

"마음껏 뛰어놀 수 있는 게 얼마나 행복한 일인지 다시 한 번 느꼈어."

"왜?"

"체육 시간에 아이들이 줄넘기를 하는데, 나도 너무 하고 싶었어."

"그래. 엄마도 그 생각만 하면 속이 상한단다. 하지만 심장병이 생긴 건 너의 운명이야. 그러니 있는 그대로 받아들이고, 지금 우리가 할 수 있는 일이 무엇인지 찾아보자꾸나."

엄마는 가슴이 찢어지는 듯했지만 애써 냉정해졌습니다. 딸 앞에서 약한 모습을 보일 수 없었기 때문입니다.

"나도 운동하고 싶어."

"그 대신 너는 아이들이 뛰어노는 시간에 책을 많이 읽잖니."

해란이는 책을 많이 읽어서 독서왕으로 뽑히기도 했습니다. 글만 쓰면 독후감 대회에서 언제나 일 등입니다. 책을 많이 읽어서인지 똑똑하고 아는 것도 많았습니다.

"심장은 안 좋지만, 너는 남들보다 똑똑하고 머리가 좋잖니. 그렇게 사람은 부족한 걸 다른 걸로 메울 수 있어. 오늘도 수고 많이 했으니까, 한잠 자고 나서 저녁 먹자."

"응."

해란이는 피곤한 몸을 눕히고 잠이 들었습니다. 해란이는 드넓은 잔디밭을 뛰어다니며 마음껏 밝은 공기를 마시는 꿈을 꾸었습니다.

# 심장 장애

장애인복지법에서는 심장 장애를 심장 기능의 장애가 지속되며, 심부전증 또는 협심증 증상 등으로 일상생활에서 크게 어려움을 겪는 경우로 정의하고 있습니다.

### ✚ 콜카타의 성녀, 마더 테레사

인도에서 활동한 테레사 수녀는 1910년 마케도니아에서 태어났습니다. '로레토회'의 수녀이던 어느 날, 가난한 사람들을 위해 봉사하라는 하느님의 계시를 받게 됩니다. 수도원을 나가도 좋다는 허락을 받자마자, 간호학을 배운 뒤 인도 콜카타의 빈민촌에서 봉사 활동에 전념했습니다. 1948년 '사랑의 선교회'를 세웠으며 죽을 때까지 가난한 사람, 고아, 나병 환자, 죽어 가는 사람 들을 위해 온몸을 바쳤습니다. 마더 테레사라는 이름은 인도인들이 그녀를 '인도 사람들의 어머니'라는 뜻으로 불렀기 때문에 생겼습니다.

하지만 테레사 수녀에게도 장애가 있었습니다. 너무 오랜 시간 누워 있는 환자들을 돌보느라 등이 휘어 심장이 압박을 받은 것입니다. 이 때문에 숨이 가쁘고 힘이 들어 대수녀 원장직을 그만두려고 했습니다. 하지만 대신해서 맡을 사람이 없었기에 심장 장애를 안고 계속 일을 했습니다.

그러나 심장병이 더 악화되자 병원에 입원하여 산소에 의지해 삶을 이어가게 되었습니다. 자신만 이런 특별 대우를 받아야 할 이유가 없다고 말하기도 했습니다. 1997년 9월 5일, 테레사 수녀는 전 세계 사람들의 슬픔 속에서 눈을 감았습니다. 하지만 그녀의 위대한 사랑의 정신은 길이 기억되고 있습니다. 다음은 테레사 수녀가 남긴 말입니다.

"진정한 사랑은 이것저것 재지 않습니다. 그저 줄 뿐입니다.
아플 때까지 주십시오. 아프도록 사랑하면,
아픔은 없고 더 큰 사랑만 있습니다."

## 인공 심장을 달고도 살 수 있나요?

심장이 불규칙하게 뛸 때 그대로 두면 신체에 큰 장애가 옵니다. 그걸 방지하고 주기적으로 심장에 자극을 주기 위해 몸속에 이식하는 장치를 '인공심장박동기'라고 합니다. 이 장치는 정상적으로 심장이 뛸 때에는 작동하지 않다가, 이상이 생기면 아주 짧은 전류를 내보내 심장이 뛰도록 만듭니다. 인공심장박동기는 작고 가볍습니다. 하지만 전자파에 영향을 받을 수 있으므로, 휴대전화 같은 전자기기를 가까이하면 안 됩니다.

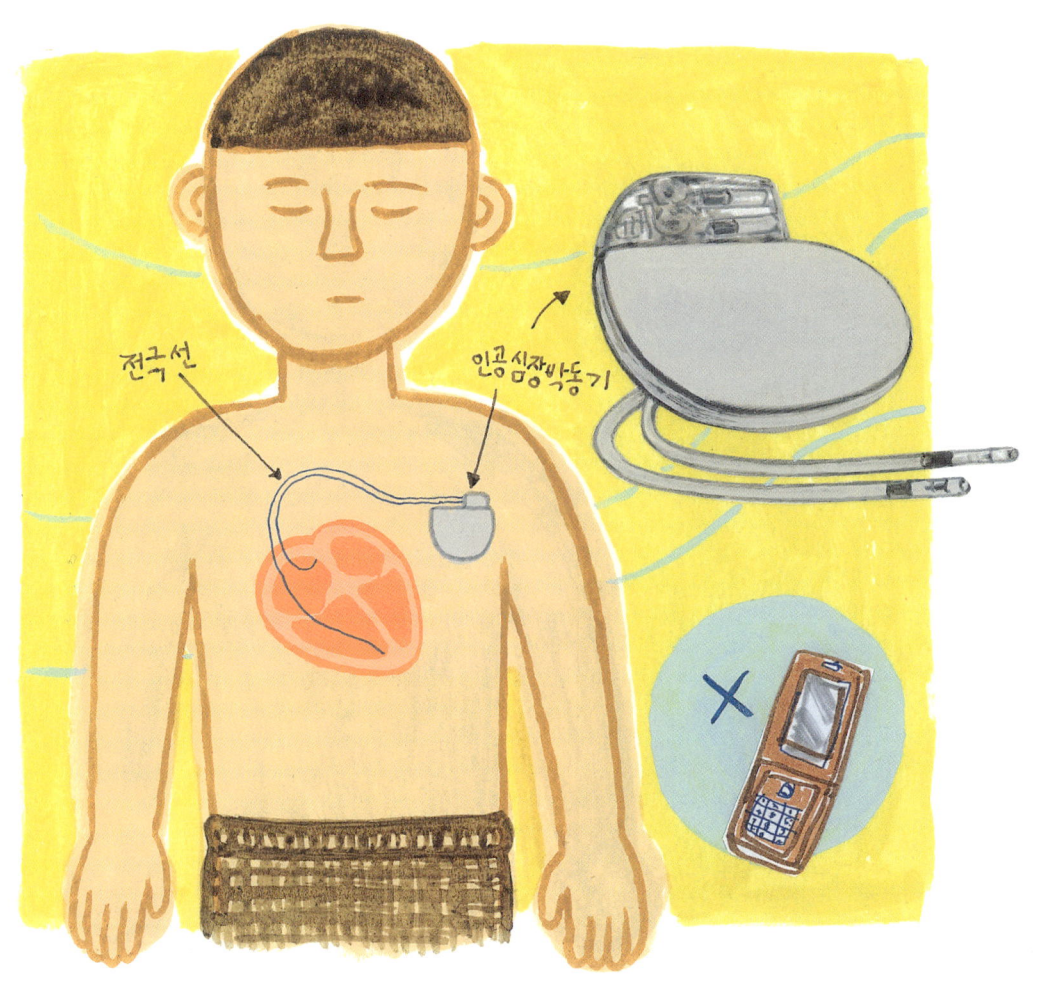

## 심장 장애인은 이렇게 배려해요

심장 장애인은 비장애인처럼 일상생활을 하다가는 호흡곤란을 일으킬 수 있습니다. 계단 같은 곳을 빠르게 올라가지도 못합니다.

심장 장애인이 머무는 곳은 공기가 맑아야 합니다. 당연히 흡연하는 사람이 없어야겠지요.

심장 장애인은 긴장을 하면 심장에 무리가 갑니다. 따라서 긴장을 푸는 일이 아주 중요하며, 스트레스를 주거나 불안하게 하지 않는 것이 심장 장애인에 대한 예절입니다.

심리적인 문제도 심각할 수 있습니다. 언제든 쓰러질 수도 있다는 생각을 하기 때문에 우울증과 불안증을 갖기 쉽습니다.

###  심장 장애인도 직업을 가질 수 있나요?

가장 큰 어려움은 스스로 갖는 공포감입니다. 일하다가 스트레스를 받아 갑자기 쓰러지면 어떡하나, 하는 불안한 마음이 생기기 때문이지요. 심할 경우에는 죽음에 대한 두려움으로 우울증에 걸리기도 합니다. 따라서 스트레스를 많이 받거나 체력적으로 힘든 직업은 택하기 어렵습니다. 하지만 식이요법을 하면서 운동을 통해 긴장을 풀 수 있다면 심장에 무리가 되지 않는 직업을 가질 수 있습니다. 오히려 직업을 가짐으로써 활력을 얻을 수 있습니다. 인터넷 검색사, 프로그래머, 집에서 근무하는 직업, 자신의 취미와 연결되는 직업 등이 좋습니다.

### 심장 장애인은 운동하면 큰일 난다고요?

예전에는 심장병 환자는 운동를 하면 안 된다고 생각했습니다. 하지만 요즘은 심장판막증을 제외한 심장병에는 운동이 예방과 치료에 도움을 주고, 회복도 빠르게 해 준다는 사실이 증명되었습니다. 다만 자신에게 맞는 운동을 해야 합니다. 혹시라도 심장에 무리가 가지는 않을지 조심해야 하며, 혈압과 심장의 박동 수를 잘 살펴야 합니다.

근육과 심장의 기능을 향상시키는 운동이라면 무엇이든 좋습니다. 걷기와 천천히 달리기, 수영, 테니스, 농구, 자전거 등이 다 가능합니다. 하지만 지나친 경쟁 때문에 스트레스를 받지 않아야 합니다.

### 심장 장애와 관련된 이런 장애도 있어요

호흡기 장애는 주로 만성 호흡기 질환에 의한 호흡 기능의 손실로 오는 장애입니다. 산소-이산화탄소 교환에 이상이 발생하여 호흡 기능의 회복이 힘든 내부 장애입니다.

간의 만성적 기능 부전과 그에 따른 합병증 때문에 간 기능에 이상이 생겨 일상생활이 힘든 장애도 있습니다.

그리고 배변 기능이나 배뇨 기능의 장애 때문에 장루 또는 요루를 몸에 넣어 일상생활에 상당한 제한을 받는 경우도 있습니다. 장루, 요루는 정상적인 배출이 안 되어 인공으로 대소변을 배출하도록 만든 길입니다.

**심장 장애인 관련 단체**
- 한국심장재단
  (www.heart.or.kr)
- 한국밀알선교회
  (www.kmilal.com)

 # 장애인 정의의 변화와 통합 교육

장애에 대한 정의는 1990년에 새로 바뀌었습니다.

세 차원으로 장애를 설명하게 되었습니다.

눈에 보이는 신체적인 장애만 장애로 인정하는 것이 아니라, 위의 세 가지 기준을 적용했을 때 문제가 있으면 모두 장애인 것입니다.

이제 장애 문제가 더 이상 개별적인 신체 문제가 아니라 사회적 문제로 인식되는 것입니다.

몸은 멀쩡해도 다른 문제로 사회적인 역할을 할 수 없으면 장애인이며,

살면서 같은 문제가 계속 발생하는 사람은 다 장애인입니다.

다시 말해 정상적인 성장과 발달이 크게 지장을 받아 신체적, 사회적, 정신적으로 결함을 가지는 사람을 장애인이라고 하는 것입니다.

따라서 누구나 장애인이 될 수 있다는 생각으로 장애 문제를 이해해야 합니다.

그런 까닭에 장애 아동이 일반 학교에서 받는 통합 교육도 중요합니다.

사람은 누구나 차별 없는 세상을 꿈꿉니다. 그래서 우리나라는 장애인에 대한 차별 금지와 장애인의 권익을 법으로 규정하고 있습니다.

따라서 장애인들이 사회에서 차별받지 않고 살면서 능력을 발휘하려면, 어려서부터 비장애 학생들과 함께 공부하는 통합 교육을 받아야 합니다.

법적 근거는 아래와 같습니다.

장애인 및 특별한 교육적 요구가 있는 사람에게 통합된 교육 환경을 제공하고 생애 주기에 따라 장애 유형, 장애 정도의 특성을 고려한 교육을 실시하여 이들이 자아 실현과 사회 통합을 하는 데 기여해야 한다.

따라서 장애인의 교육 활동에 불이익이 없도록 필요한 편의 (보조기구, 의사소통 수단, 보조 인력 배치 등)를 제공해야 합니다.

| 나오기 |

# 더불어 사는 세상

오늘은 철민이가 다시 학교에 가는 날입니다. 철민이는 오른쪽 다리에 깁스를 한 채 엄마가 구해 온 예쁜 알루미늄 목발을 짚고 학교로 갔습니다. 보통 때는 10분이면 갈 거리를 20분도 넘게 걸어가려니, 손목이 아프고 겨드랑이도 저렸습니다. 하지만 가장 걱정되는 것은 아이들과 함께 학교생활을 하는 일이었습니다. 장애에 대한 책을 다 읽고 정보도 많이 얻었지만, 장애인처럼 학교에서 생활할 것을 생각하니 마음이 무거웠습니다.

학교에 도착해 계단을 올라가는 것도 힘이 많이 들었습니다. 목발을 먼저 디딘 다음, 다치지 않은 왼발로 한 칸씩 계단을 밟고 올라갔습니다. 그때였습니다. 같은 반 친구 태경이가 철민이를 보고 놀란 표정으로 말했습니다.

"어? 철민아, 너 학교 왔구나! 야, 야, 가방 이리 줘!"

태경이는 철민이가 어깨에 메고 있던 책가방을 뺏다시피 받아 들고는 교실로 올라갔습니다. 교실에 들어가자, 짝꿍인 해경이가 반갑게 맞아 주었습니다.

"철민아, 조심해!"

해경이는 책상을 앞으로 밀고 의자를 뒤로 당겨 주었습니다. 철민이가 앉기 편하게 해 주는 것입니다. 자리에 앉자, 이번엔 민지가 와서 물었습니다.

"철민아, 다리 안 아프니?"

"응, 괜찮아."

"땀 흘린 것 좀 봐. 내가 물 떠다 줄게."

갑자기 모든 친구들이 자신에게 관심을 가져 주었습니다. 철민이는 조금 놀라긴 했지만, 안심이 되었습니다. 조금 뒤, 유리가 휠체어를 타고 교실로 들어왔습니다. 목발을 짚고 온 철민이를 보자 유리가 말했습니다.

"철민아, 너도 장애인이 되었구나!"

"응. 나도 장애인이 됐어. 유리야, 내가 몸이 불편해 보니까 네가 얼마나 힘들지 알겠어."

그러자 유리가 쓸쓸한 듯 웃으며 말했습니다.

"철민아, 넌 그래도 한 달이나 두 달 뒤에는 낫잖아. 나는 영원히 나을 수가 없어."

그 말을 듣자 가슴이 아파지는 철민이었습니다. 그동안 자기가 얼마나 장애인에 대해 무심했는지 반성이 되었습니다. 앞으로는 더 관심을 가지고 유리를 도와야겠다는 생각을 했습니다.

그날 하루 동안 학교에서 생활하면서 철민이는 전혀 불편하지 않았습니다. 선생님과 반 친구들이 너도나도 도와주고, 배려해 주었기 때문입니다. 종례 시간이 되었습니다.

"얘들아, 우리 반에 갑자기 몸 불편한 아이가 둘로 늘었다. 어떻게 해야 되는지 알지?"

"네에!"

아이들은 일제히 대답했습니다.

"서로 돕고 배려하는 사회가 더불어 사는 세상이야. 우리 반도 그렇게 되어야 해."

선생님은 늘 더불어 사는 세상이 중요하다고 말씀하셨습니다.

 철민이는 병원에 있을 때 읽었던 책의 내용을 떠올리면서 아이들에게 말했습니다.

 "얘들아, 사람들은 누구라도 언제든 장애인이 될 수 있어. 그래서 우리는 장애인들과 더불어 살아야 하는 거야. 나는 이번에 다리가 부러지고 나서 알게 되었어. 장애인이 행복한 세상이 우리 모두에게 행복한 세상이라는 걸 말이야."

 선생님이 먼저 박수를 치셨습니다. 아이들도 덩달아 박수를 쳤습니다. 이렇게 해서 철민이네 반은 다른 어느 반보다도 장애가 있는 친구를 이해하고 배려하는 행복한 학급이 되었답니다.

지식의숲
**장애, 너는 누구니?**
제1판 제1쇄 발행일 2012년 3월 28일
제1판 제9쇄 발행일 2021년 12월 30일

글쓴이 · 고정욱
그린이 · 윤정주

펴낸이 · 곽혜영
주   간 · 오석균
편   집 · 최혜기
디자인 · 소미화
마케팅 · 권상국
관   리 · 김경숙
펴낸곳 · 도서출판 산하 | 등록번호 · 제300-1988-22호
주소 · 03385 서울시 은평구 연서로26길 27. 2층. 대한민국
전화 · (02)730-2680(대표) | 팩스 · (02)730-2687
홈페이지 · www.sanha.co.kr | 전자우편 · sanha0501@naver.com

글ⓒ고정욱. 2012
그림ⓒ윤정주. 2012

ISBN 978-89-7650-384-8 74810
ISBN 978-89-7650-800-3 (세트)

＊이 도서의 국립중앙도서관 출판시도서목록(CIP)은 e-CIP홈페이지(http://www.nl.go.kr/ecip)와
   국가자료공동목록시스템(http://www.nl.go.kr/kolisnet)에서 이용하실 수 있습니다. (CIP제어번호 : CIP2012001239)
＊이 책의 내용은 저자와 출판사의 동의 없이 사용할 수 없습니다.
＊8세 이상 어린이를 위한 책입니다.